没有共产党就没有新中国

主　　编　闫　玉

副 主 编　孔德生　王雪军

本册作者　郑喜奎　郑　勃

中华工商联合出版社

图书在版编目（CIP）数据

没有共产党就没有新中国 / 郑喜奎，郑勃编著. --北京：中华工商联合出版社，2014.3

ISBN 978-7-80249-987-4

Ⅰ. ①没… Ⅱ. ①郑… ②郑 Ⅲ. ①中国共产党—党史—少年读物②中国共产党—党史—少年读物 Ⅳ. ①D23-49

中国版本图书馆 CIP 数据核字（2014）第 034647 号

没有共产党就没有新中国

作　　者： 郑喜奎　郑　勃
出 品 人： 徐　潜
策划编辑： 魏鸿鸣
责任编辑： 魏鸿鸣
封面设计： 徐　超
责任审读： 郭敬梅
责任印制： 迈致红
出版发行： 中华工商联合出版社有限责任公司
印　　刷： 固安县云鼎印刷有限公司
版　　次： 2014 年 4 月第 1 版
印　　次： 2021 年10月第 2 次印刷
开　　本： 155mm×220mm　1/16
字　　数： 75 千字
印　　张： 10
书　　号： ISBN 978-7-80249-987-4
定　　价： 38.00 元

服务热线： 010－58301130
销售热线： 010－58302813
地址邮编： 北京市西城区西环广场 A 座 19－20 层，100044
http://**www. chgslcbs. cn**
E-mail：cicap1202@sina. com（营销中心）
E-mail：gslzbs@sina. com（总编室）

工商联版图书

目录 Contents

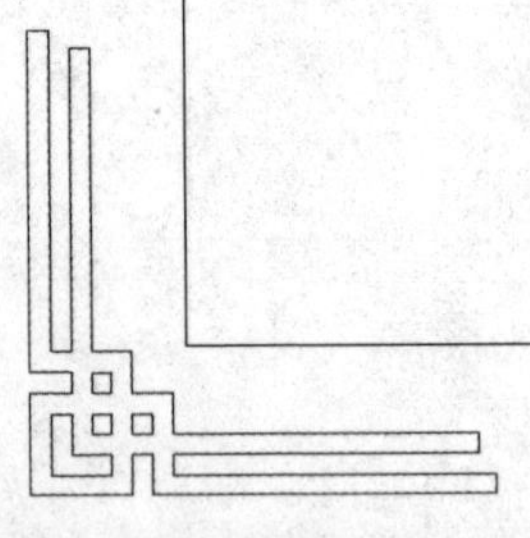

一、歌声嘹亮

我们伟大的祖国是一个拥有灿烂文化和悠久历史的国家，被誉为四大文明古国之一。我国地广人多，物产丰富，是一个统一的多民族国家。中华民族素以勤劳勇敢，酷爱自由，富于革命传统著称于世。我们的祖先创造了高度的物质文明和精神文明，曾经以领先的地位列居世界民族之林。中华民族在维护民族独立，争取自由的斗争中，产生了很多民族英雄和革命领袖，在人类反侵略和革命史册上，建立了不朽的丰碑。

从三元里人民抗英斗争开始，经过太平天国农民战争，戊戌变法，义和团运动，直到孙中山领导的辛亥革命，中国人民前赴后继、不屈不挠地进行了反帝反封建的伟大斗争。这些革命斗争沉重地打击了帝国主义的殖民势力，动摇了封建专制主义的统治，在保卫中华民族和争取民族独立与自由的斗争中，做出了巨大贡献。

但是，这些斗争和革命都失败了。历史证明：农民阶级和软弱的资产阶级，都没有也不可能领导中国人民取得民族民主革命的彻底胜利。无论是洪秀全的《天朝田亩制度》、康有为的君主立宪，还是孙中山的资产阶级共和国，都不能救中国。

1917 年，世界上发生了十月社会主义革命，开创了无产阶级社会主义革命的新时代。这时，中国资产阶级旧民主主义革命已经走到了它的尽头。

马列主义在中国的传播和工人阶级的发展壮大，民族民主革命的重任，历史地落到了无产阶级肩上。1919 年的五四运动标志着无产阶级已经登上了历史舞台，成了新时代的主人。

伴随着工人阶级的成长壮大，工人运动的蓬勃发展，马克思主义的广泛传播，苏俄的方方面面的支持和帮助，1921 年 7 月 23 日中共一大在上海召开，中国共产党诞生。中国共产党成立之初，全力领导工农运动，掀起了中国工人运动的第一次高潮。1924 年，国共两党结成统一战线，进行第一次合作，共同开展了北伐战争和大革命运动。但由于蒋、汪等国民党新右派的相继叛变和军事镇压，革命遭到挫败。

大革命失败后，中共中央在汉口召开八七会议，制定了土地革命和武装反抗国民党的总方针，中国革命开始走向复兴。三大武装起义相继受挫，但是，以毛泽东为主要代表的一批中国共产党人坚持马列主义与中国实际相结合，他们立足于对中国国情的正确分析和对中国革命形势的准确判断，开始将革命的重心由城市转向农村，开创了井冈山革命根据地，由此开辟了一条农村包围城市、武装夺取全国政权的中国革命新道路。1931 年 11 月，中华苏维埃共和国临时中央政府成立，中国共产党终于实现了从大革命失败到土地革命战争兴起的历史转折。

但中国革命的发展并非顺风顺水，一路坦途，而是充满了波折和艰辛。土地革命战争时期，我们党连续犯了三次“左”倾错误，损失严重，特别是王明“左”倾教条主义路线的错误，致使第五次反“围剿”失败，中央红军被迫进行长征。

长征初期，由于博古、李德的教条军事路线的错误指挥，红军折损过半，在党和红军面临生死存亡的危急关头，遵义会议胜利召开，会议撤销了博古、李德的军事指挥权，将代表正确路线的毛泽东重新推举到党和红军的领导岗位，中国革命转危为安。1936 年 10 月三大主力红军会师，长征宣告胜利结束。在此过程中，中国共产党经历了各种严峻考验，开始真正走向成熟。

“没有共产党，就没有新中国”，这是一句人们耳熟能详的歌词，这嘹亮的歌声传唱到祖国大江南北。然而，出生于新中国成立后年纪较小的人们，还不能体会到这其中的含义。《没有共产党就没有新中国》这首歌，是产生在抗日烽火正炽烈的 1943 年，由曹火星创作的一首歌曲，原名为“没有共产党就没有中国”。当时创作背景是这样的：在抗日战争时期，为了反“扫荡”，八路军群众剧社化整为零深入到群众中进行抗日宣传和动员。当年的曹火星虽然参加抗日战争时间不长，但抗日的峰火、战斗的硝烟，使他对祖国山河破碎的现状感触颇深，对国民党的不抵抗政策充满愤恨，对日本帝国主义更有着刻骨的仇恨。他目睹了在中华民族生死存亡的关键时刻，在四万万同胞到了最危险的时候，中国共产党及所领导的八路军、新四军挺身而出，为了人民的幸福，为了民族的解放，不惜抛头颅、洒热血，挽救苦难的中国，于是，一个鲜明的主题在他的脑海中升腾。怀着对中国共产党的无比热爱和国恨家仇，利用当地流行的一种叫“霸王鞭”的表演形式，用“没有共产党就没有中国”这句极具凝聚力和号召力的词语作为曲名，创作了激励全国人民在中国共产党领导下坚持抗战的著名歌曲《没有共产党就没有中国》。后来，随着抗日战争和解放战争的胜利进行，这首饱含人民群众抗战激情，真实反映时代心声的歌曲唱遍了平西根据地，也唱遍了整个神州大地。

到了1950年，毛泽东同志经过仔细斟酌，巧妙地在歌词中的“中国”前边加上了一个“新”字，这样就使歌词更加通顺合理，同时也更准确地反映出了中国共产党的伟大历史功绩。

“没有共产党就没有新中国”，它用最朴实的语言表达了一个最深刻的真理。这一真理，就是广大人民群众从生活的实践中感受到的，是共产党人以自己的理论、实践铸就的。她在困难时能够凝聚人心，在奋斗中激励人们的斗志，在胜利时指引中国人民永远向前！是共产党找到了创建新中国的科学理论。党是中国社会主义事业的领导核心。中国的革命实践证明没有中国共产党就没有新中国，没有中国共产党的领导，中国人民就不可能摆脱受奴役的命运，成为国家的主人。在新民主主义革命中，党领导全国各族人民，在毛泽东思想指引下，经过长期的反对帝国主义、封建主义、官僚资本主义的革命斗争，取得了胜利，建立了人民民主专政的中华人民共和国。中国的建设实践也充分证明：中国只有在中国共产党的领导下，才能走向繁荣富强。新中国成立后，我国顺利地进行了社会主义改造，完成了从新民主主义向社会主义的过渡，确立了社会主义制度，社会主义的经济、政治和文化得到了极大的发展。

没有共产党就没有新中国，只有共产党才能建设好新中国。这是人民得出的结论，这是历史昭示的真理！

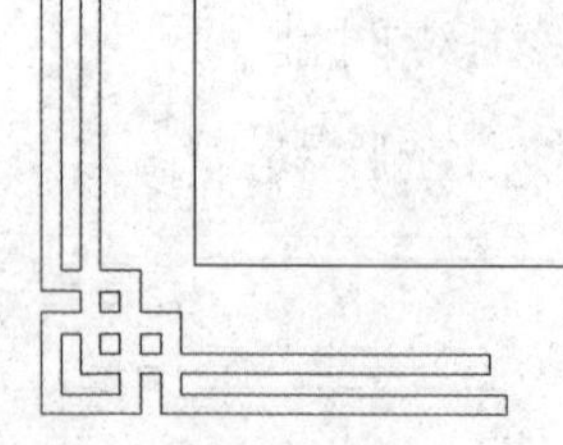

二、屈辱与抗争

历史进入了近代以后，我们伟大的祖国真可谓是多灾多难。

鸦片战争前的中国，是在清王朝统治下的一个独立自主的封建国家。那时，虽然产生了资本主义萌芽这种新的生产关系因素，但在整个社会经济生活中不占支配地位，自给自足的封建经济仍然占主导地位。农民和地主阶级的矛盾是当时社会的主要矛盾。

清朝的封建统治到了 18 世纪后期，已经走上了衰败的道路，整个社会陷入了深刻的社会危机之中。政治黑暗，国防空虚，财政拮据，土地集中，剥削加重，这一切造成了农村凋敝，民不聊生。阶级矛盾空前尖锐，农民起义连绵不断，预示了封建末日的到来。

从 1840 年第一次鸦片战争开始，外国殖民主义列强的侵略，使中华大地变得满目疮痍，血迹斑斑。随着中国半殖民地化的进一步加深，腐败无能的清政府同外国列强签订了一个又一个丧权辱国的不平等条约。国家积贫积弱，人民饱受凌辱。

（一）鸦片战争

17 世纪中叶以后，正当中国封建社会走向没落的时候，西方资本主义得到了迅速的发展，这时的主要资本主义国家英、法、美、俄、日等取代了原来垄断海上霸权和世界市场的老牌资本主义国家的地位。首先是英国，它于 17 世纪中叶完成了资产阶级革命，并夺取了海上霸权。接着，又相继征服了印度等国，形成了一个“殖民帝国”。18 世纪的产业革命，使英国纺织工业进入了“独霸世界的时期”。因此，夺取殖民地，寻求商品和原料市场便成了英国资产阶级的生存原则。这样，古老的中国就成了英国侵略的对象。追随英国之后的法、美、俄、日等资本主义国家觊觎中国之心并不亚于英国。总之，鸦片战争前，国际资本主义已经进入上升时期，极力奉行扩张政策。"资本主义如果不经常扩大其统治范围，如果不开发新的地方并把非资本主义的古老国家卷入世界经济旋涡之中，它就不能存在与发展"，这就是鸦片战争的国际条件。

自18世纪中叶以后，欧美国家的对华贸易为英、美两国所垄断。但是，在正常的合法的贸易中，中国一直处于出超国的有利地位，直到19世纪二三十年代，中国每年入超白银一百二十余万两。英美资产阶级为了改变这种贸易逆差，便向中国倾销鸦片。

鸦片贸易给英、美资产阶级带来了极大的利益。利润驱使英、美资产阶级大量向中国偷运鸦片。1800年偷运到中国的鸦片有4570箱，到了1838年就高达40200箱，不到40年的时间增加近9倍之多。这种鸦片贸易，不仅改变了传统的中外贸易关系，使中国由出超国变成了入超国，而且，"非法的鸦片贸易年年靠摧残人命和败坏道德来充实英国国库”。鸦片贸易是一种罪恶的贸易。

19 世纪 30 年代，鸦片烟毒在中国已经达到了骇人听闻的地步，很多有识之士已经认识到：鸦片烟如不立即禁绝，则“国日贫，民日弱，十余年后，岂惟无可筹之饷，抑且无可用之兵”。鸦片问题是一个关系国家和民族生死存亡的大事。

关于禁烟问题，在清朝统治阶级内部历来是有争议的。1836 年后，以太常寺卿许乃济为代表主张弛禁；以鸿胪寺卿黄爵滋为代表主张严禁。当时，湖广总督林则徐坚决支持黄爵滋的严禁主张，并在他治下的两湖地区厉行禁烟，成绩颇著。1838 年 9 月 20 日，林则徐曾上书提出：如果马马虎虎下去，只怕数十年后，“中原几无可以御敌之兵，且无可以充饷之银”。“无兵”可用，“无银”充饷，何以立国？道光帝感到形势严重，采纳了严禁派的主张，决定禁烟。于是，任命林则徐为钦差大臣，赴广东禁烟。

1839 年 8 月，虎门销烟的消息传到伦敦后，引起了英国资产阶级和英国政府的“不胜惊骇”。中国禁烟的胜利，是对英国资产阶级一次沉重的打击。于是，在英国立即掀起了一片侵华叫嚣。他们认为，中国禁烟是英国发动侵华战争的极好机会。于是在 1840 年 6 月发动了罪恶的鸦片战争。

1842 年 8 月，英军舰队驶抵南京下关江面，扬言架炮攻城。清政府屈辱求和，被迫与英国签订中国近代史上第一个不平等的条约——《南京条约》。条约的主要内容：割香港岛给英国；赔款 2100 万银元；开放广州、厦门、福州、宁波、上海五处为通商口岸；中国海关收取英商进出口货物的关税，由双方商定等。

第一次鸦片战争从 1840 年 6 月开始到 1842 年 8 月签订《南京条约》而结束。人所共知，这场战争对于英国是非正义的侵略性的战争，而对于中国则是民族自卫的正义性的战争。但是，中国却失败了，这是为什么呢？原因主要有以下三个方面：

1. 清朝的政治腐败，奉行投降主义路线。

2. 经济落后，军备废弛。

3. 战争的指挥者清政府腐朽的官僚，与人民为敌，与敌人妥协，因而处于孤立的地位，致使战争遭到失败。

1841 年 5 月 21 日，英军第二次进犯广州城，5 月 29 日，盘踞在广州北郊各炮台的英国侵略军到三元里一带，烧杀抢掠，无恶不作，激起了三元里人民的极大愤怒。群众奋起抗击，痛歼敌军于牛栏冈。这一仗英军“14 人被杀，120 人受伤”。

三元里人民的抗英斗争，是中国人民保家卫国的斗争。它表现了中国人民不畏强暴，顽强的反抗精神和极大的爱国热情。首先，它沉重地打击了英国侵略者的气焰。其次，打出了“官怕洋鬼子，洋鬼子怕百姓”的真理。最后，中国历史上出现了一个官、民、夷三者的新关系，中国人民和中国的统治者走上了完全不同的两条道路。

鸦片战争给中国带来巨大的屈辱和深重的灾难。从此，中国的大门被迫打开，外患接踵而至，主权和领土完整不断遭到破坏。中国由一个独立自主的封建国家开始沦为半殖民地半封建国家。《南京条约》签订以后，1843 年英国又强迫清政府签订《五口通商章程》和《虎门条约》，作为《南京条约》的附件，从中国又攫取了领事裁判权、片面最惠国待遇和在通商口岸租赁土地房屋居留等特权。美、法两国也趁火打劫，于 1844 年胁迫清政府分别签订《望厦条约》和《黄埔条约》，攫取了更多的侵略权益。

鸦片战争以后，列强仍不满足既得利益。英国联络美法两国，向清政府提出修订条约、扩大侵略权益的要求，遭到清政府的拒绝以后，他们就决定再次采取武力解决问题。

1856 年，英军进攻广州，第二次鸦片战争爆发。随后，法国也加入侵华战争。英法联军攻陷广州，继而北上进逼天津。1858 年，清政府被迫分别与英法两国签订《天津条约》。条约规定：允许外国公使进驻北京，增开沿海沿江十处通商口岸；赔偿英法巨额白银；允许外国人到中国内地游历、经商和传教；外国军舰和商船可在长江各口岸通航等。

不久，英、法两国不满清政府指定的进京换约路线，再起冲突。英法联军接连攻陷天津和北京，洗劫并火烧圆明园，咸丰帝逃往热河。

圆明园是举世闻名的皇家园林。它把祖国锦绣河山的众多景观和西洋建筑艺术集于一身，是园林建筑史上的伟大创举，在这次战争中遭受了英法联军的野蛮焚毁。如今遗留的残迹，仍默默控诉着侵略者的罪行。雨果先生后来提到这场战争时激愤地说过：“有两个强盗闯进了圆明园，一个是英吉利、一个是法兰西。”

1860 年，清政府又被迫与英、法分别签订《北京条约》。条约规定：承认《天津条约》有效；增开天津为商埠；割九龙司地方一区给英国；对英、法赔款各增至 800 万两白银。美、俄两国也趁火打劫，强迫清政府与它们签订不平等条约。特别是俄国，乘机强占了中国北方大片领土，迫使清政府签订了《瑷珲条约》和《北京条约》，又割去我国 100 多万平方公里的领土。

第二次鸦片战争，使中国丧失大片领土，主权受到更加严重的侵害。清政府开始被列强控制，中外反动势力公开勾结，共同镇压中国人民的反抗。中国半殖民地半封建化的程度进一步加深了。

鸦片战争后，一系列不平等条约的签订，使中国领土完整和主权遭到严重破坏，中国社会性质发生了根本性的变化。所以，鸦片战争后中国开始向半殖民地沉沦，是中国近代史的开端。主要表现在以下 10 个方面：

1. 香港被英国强占后，变成了资本主义侵略中国的桥头堡。中国历史上第一次出现了殖民地城市。

2. 1843 年至 1844 年，广州、福州、厦门、宁波、上海相继开埠。英、美侵略者借所取得的

“特权”，强行在五口划定“租界”。后来，又签订了《上海租地章程》，取得了在“租界”内享有行政、司法、警察、税收、财政等特权。“租界”变成了“国中之国”，中国历史上第一次出现了半殖民地城市。

3. 鸦片战争后，不是禁止了鸦片，而是使鸦片贸易变相地合法化了。战后，鸦片流毒越发猛烈，中国白银大量外流，劳动人民备受其害。

4. 五口开放后，英、美资本家除走私鸦片外，还大量向中国倾销商品，外国的洋纱、洋布充斥于五口和东南沿海地区。这不仅侵吞了中国人民的财富，而且摧垮了中国的纺织手工业，破坏了农业和手工业相结合的自然经济。造成生产停顿，农民和手工业者破产失业，农村凋敝。

5. 五口开放和关税自主权的丧失，极大地便利了外国资本家对中国农副产品和原料的掠夺。中国的丝茶等土特产品成了英、美等国掠夺的对象，他们利用“协定关税”的特权，极力压低丝茶出口价格，进行不等价交换，对中国人民进行残酷的掠夺。

6. 更有甚者，英、美侵略者还把中国当作开发美洲殖民地的“招募劳工的一个场所”。战后，英、美侵略者在五口猖狂地进行人口贩卖、掠夺华工的罪恶活动。被强行掠获的中国人被称为“猪仔”，然后装进密封的船舱运往海外，人们称这种船为“浮动地狱”，加上掠夺者的虐待、拷打和疾病，导致大量死亡。幸存者被运往美洲后，从事各种非人的劳动，劳累疾病而死，所剩者无几。

7. 战后，随着社会经济的变化，出现了买办和买办阶级。“买办”是半殖民地中国的产物，在经济上他们是外国侵略者掠夺中国的经纪人，在政治上他们是清朝政府勾结外国侵略者的媒介。19 世纪 60 年代后逐渐发展成一支庞大的队伍，形成一个反动的阶级。

8. 五口开埠后，东南沿海地区自然经济逐渐解体，一部分农民和手工业者破产，成为早期产业工人的后备军。外国资本家在五口地区开辟码头、船坞、航运和印刷等企业，出现了受雇于外国工厂的工人。这是中国近代第一批产业工人。战后，中国社会阶级关系发生了新的变化。

9. 鸦片战争，对当时中国思想界也产生了很大的影响。在一部分人的思想中，产生了关心时局、反对侵略，要求改革、反对守旧的思潮，主张开眼看世界，向西方学习。这是一种进步的思潮，主要代表人物有龚自珍、魏源、林则徐等。中国思想界发生了新变化。

10. 鸦片战争后，中国人民的反侵略斗争持续不断。如反租地斗争，抗税斗争，反入城斗争等。这反映了中国社会矛盾发生了变化，即不单纯是原来的农民与地主阶级的矛盾了，随着西方资本主义的入侵，又产生了中华民族同西方资本主义侵略者之间的矛盾。

这些变化表明，鸦片战争是中国历史的转折点，是半殖民地半封建社会的开端。从此，中国历史翻开了新的一页，进入了民族民主革命时期。

（二）甲午战争

中国和日本是“一衣带水”的邻邦。两千多年来，两国人民友好相处，经济文化交往从未间断。就文化方面说，日本是中华民族文化的受益者。但是，近代日本是一个黩武主义的国家，自丰臣秀吉——明治维新——东方会议，日本形成了一套完整的向外扩张的侵略计划，即“大陆政策”。“大陆政策”是日本一切国策的根源。所谓“大陆政策”的核心，就是征服中国。1874年，日本侵略我国台湾，是近代日本侵华的起点，20年后日本发动的中日甲午战争则是日本大规模侵华的开始。从此，在历史上长期形成的中日友好关系，遭到了严重破坏。

当时日本是个军事封建帝国主义国家，更富有侵略性。“明治维新”后，经过二十余年的扩军备战，到1893年，日本已经建成了一支拥有124000余人的常备军，战时可达23万人的陆军和一支拥有近6万吨排水量的新式海军。在思想上，大力用反动的“武士道”精神教育国民和青少年，灌输“效忠天皇”的军国主义思想，同时，把朝鲜和中国的东北说成是日本的“生命线”，大造战争舆论。

1894年，朝鲜爆发农民起义。朝鲜政府请求清政府出兵援助，日本乘机派大军入侵朝鲜。

起义被平息后，日本拒绝清政府关于中日同时撤军的建议，反而继续增兵，蓄意挑起战争。

1894年7月底，日本舰队在朝鲜丰岛海面袭击清军运兵船，挑起战端。8月初，清政府迎战。这一年是农历甲午年，所以，历史上称这次战争

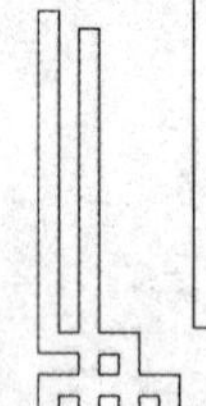

为甲午中日战争。不久，清军在朝鲜平壤陆战失利，退回国内。随后，在黄海大战中，中方损失虽比日方略大，但主力尚存。李鸿章为保船避战，命令北洋舰队退守威海卫港，不许出海迎敌。日军乘机控制黄海制海权。

随后日军进攻中国辽东和山东半岛，占领大连、旅顺等地。1895 年初，日军攻占威海卫，北洋舰队全军覆没。甲午中日战争以清军惨败告终。

1895 年 4 月，清政府与日本签订屈辱的《马关条约》。条约规定：割辽东半岛、台湾及附属岛屿、澎湖列岛给日本；赔偿日本军费二亿两白银；开放沙市、重庆、苏州、杭州为商埠；日本可以在中国通商口岸投资设厂，产品运销中国内地免收内地税。

《马关条约》使中国的领土和主权进一步遭受严重损失。巨额赔款，大大加重了中国人民的负担。新通商口岸的开辟，使列强侵略势力深入中国内地。允许外国在华投资设厂，拓展了列强对华资本输出的途径，严重阻碍了中国民族资本主义的发展。在《马关条约》刺激下，列强争相在中国划分“势力范围”，强占租借地，掀起瓜分中国的狂潮。中国社会半殖民地化的程度大大加深了。

1896 年春，谭嗣同在《有感》一诗中激愤地写道：“世间无物抵春愁，合向苍冥一哭休。四万万人齐下泪，天涯何处是神州？”

《马关条约》签订后，由于日本侵华势力的增长，进一步加剧了列强争夺中国的矛盾，沙俄策划的三国“干涉还辽”就是突出的表现。沙俄独霸中国东北的野心由来已久。在中日战争期间，沙俄一面“同情”中国，一面又支持日本，大耍两面手法，乘机渔利。战争的结果令沙俄大失所望，日本不仅取得了对朝鲜的“保护权”，而且割占了中国的辽东半岛。沙俄称霸远东，独霸中国东北的野心，被日本粉碎。为了夺得辽东半岛这块肥肉，在《马关条约》签订的当天，沙俄立即向德、法正式提出三国采取“共同行动”的建议。德、法为了各自的卑鄙目的，与沙俄结成了同伙，三个强盗共同对付日本强盗。

1895 年 4 月 23 日，俄、德、法三国驻日公使奉本国政府之命，正式向日本发出照会，“劝告”日本放弃辽东半岛，同时，出动大批军舰开赴日本海面，俄军六万余人集中在海参崴，对日施压。被战争拖得内外交困的日本，向三国让步。5 月 1 日，向三国提出备忘录，表示除包括旅顺在内的金州厅外，日本放弃对辽东半岛的永久占领权。这一方案遭到沙俄的坚决拒绝，因为在沙俄看来，辽东半岛的重要，主要是它拥有旅顺。日本在失去英、美的支持后，被迫接受三国“劝告”。同对，日本表示：“对三国全然让步，对中国一步不让。”最后，日本与三国达成协议，日本向中国索取赔款三千万两，作为“赎金”，赎还辽东半岛。在这场争夺战中，被害的是中国，受惠的是沙俄。此后在不到三年的时间里，沙俄以“租借”的方式霸占了辽东半岛。

三国“干涉还辽”这场丑剧，再一次暴露了沙俄侵占我国东北的野心，也是19世纪末叶列强瓜分中国狂潮的开端。日本被迫“还辽”，自然不会甘心失败，10年后，发动了争夺中国东北的日俄战争，正是这一矛盾的继续。

甲午战争后，列强掀起瓜分中国的狂潮。随着民族危机的加深，中国人民反抗帝国主义侵略的斗争日益高涨。由民间组织义和团发动的反帝爱国运动，打着“扶清灭洋”的旗号，到1900年春夏间在京津地区形成高潮。1900年6月，英、美、俄、日、法、德、意、奥八国，借口镇压义和团，联合发动侵华战争。八国联军从天津向北京进犯，在廊坊附近遭到义和团和清军爱国官兵的顽强阻击，被迫退回天津。天津的义和团和清军爱国官兵也英勇打击侵略者。八国联军增派兵力，7 月占领天津，随后再次向北京进犯。8 月，八国联军攻陷北京。联军统帅德国人瓦德西的司令部，就设在北京紫禁城内。慈禧太后当天清晨闻讯，携光绪帝仓皇出逃。途中，她命令清军严厉镇压义和团，并部署与侵略者“议和”。八国联军在北京烧杀抢掠，罪恶累累，罄竹难书！

战后签订的《辛丑条约》，是帝国主义强加给中国的又一个不平等条约。列强除了穷凶极恶地对中国敲诈勒索外，还迫使清政府成为帝国主义统治中国的工具。清廷堕落为“洋人的朝廷”。条约的签订，标志着中国完全陷入半殖民地半封建社会的深渊。

（三）太平天国

鸦片战争后，中国的农民运动此起彼伏，洪秀全就是这个背景下的突出人物。他创立了拜上帝教，把基督教教义和中国传统的儒家思想结合起来，形成了一些带有浓厚宗教迷信色彩的农民革命思想和信条，他用这些信条组织和发动了金田起义。太平天国运动初期，军纪严明，战果辉煌，于 1853 年 3 月 19 日攻克南京，并建立了自己的政权。

鸦片战争以后，鸦片走私更加猖獗，白银外流加速，银价激涨；洋货大批涌入东南各省，手工业者纷纷破产；巨额战争赔款分摊到参战省份，各级官吏乘机搜刮百姓；再加上连年发生自然灾害，中国面临的民族矛盾和阶级矛盾空前激化。农民暴动，此伏彼起。其中，规模最大的是太平天国运动。1851 年 1 月，洪秀全集合拜上帝教群众，在广西桂平县金田村起义，建号太平天国，起义军称“太平军”。不久，洪秀全称“天王”。他指挥太平军攻克永安，整顿建制，分封诸王，初步建立政权。

1852 年春，太平军从永安突围北上，连战连捷。各地反清势力闻风响应，太平军迅速壮大。1853 年太平军攻克南京，改南京为天京，定为国都，与清廷对峙。接着，太平军北伐西征并举。北伐军一直打到天津郊区，震动京师。然而，却没有从根本上去巩固政权。首先，定都天京后，太平天国颁布了革命纲领——《天朝田亩制度》，“凡天下田，天下人同耕”。这种平均主义可以满足农民获得土地的愿望。但是，“人人不受私，物物归上主”的分配方法又超越了他们的觉悟，因而，无法调动农民的生产积极性。所以，要想建立一个绝对平等的理想社会只能是空想，更谈不上去满足广大农民迫切要求废除封建土地所有制的强烈愿望。这个纲领把小农自然经济作为追求的理想目标，实际上没有超越封建主义的经济范畴，表现出革命纲领本身的落后性。其次，在实施此纲领的过程中，没有一个安定的环境做保证。

太平天国定都天京以后，领导者被胜利冲昏头脑，进取心逐渐衰退，腐朽思想日益滋长，领导集团内部矛盾越来越尖锐，以致发生内讧。1856 年秋，韦昌辉杀掉杨秀清，继而韦昌辉又被处死。接着，石达开因受洪秀全猜忌，率领精兵负气出走。清军乘机反扑，再次围困天京。后来，石达开在四川大渡河陷入清军重围，最后被清军杀害。

危困之际，洪秀全提拔青年将领陈玉成和李秀成，让他们指挥军事；又让洪仁玕总理朝政，实行政治改革。1858 年，陈玉成、李秀成合力打垮清军驻扎江北的大营，解除天京北面的威胁。随后，他们在三河镇全歼湘军精锐部队。太平天国局势暂时稳定。

1859 年，太平天国颁布由洪仁玕提出的改革内政、建设国家的新方案——《资政新篇》。它的主要内容是：向西方学习，以法治国，官吏由公众选举；发展工商业，奖励技术发明；开设新式学堂等。《资政新篇》是先进的中国人首次提出的在中国发展资本主义的设想；但迫于当时形势，未能实行。

太平天国运动爆发后，英国宣布“中立”，实际上是采取观望态度。1853 年，英使文翰到天京呈上照会，要求太平天国承认不平等条约，被杨秀清拒绝。1861 年，英国参赞巴夏礼到天京求见天王，表示英国愿意帮助太平军消灭清朝，条件是成功之后平分中国。洪秀全断然拒绝。这与清政府的卖国行径形成鲜明对照。

但是，太平天国的局限性很快就表现出来。在成就面前，太平天国领导集团内部的封建思想越来越明显：

1. 等级思想。“贵贱宜分上下，制度必判尊卑”的礼制，与广大农民群众要求政治上的平等是背道而驰的。

2. 安乐思想。在天京，太平天国大兴土木，建筑王宫；天王不问朝政；东王外出仪仗千人；这种皇权思想严重脱离了群众，削弱了军队的战斗力。

3. 宗派思想。在天京，各王通过家族、亲戚等关系，结成自己的小集团，相互猜疑，矛盾尖锐。导致了太平天国领导集团内部发生争权夺利的政治斗争。

4. 战略上的失策。定都天京后没有及时北伐，给了清政府两个月的喘息时间。到北伐时，没有对自己的力量作充分的准备，轻视了敌人，清政府虽然腐败，军队无战斗力。但是，在京津地区，力量仍较强大。再加之有帝国主义在经济军事上的帮助，北伐军经过两年的努力奋战，仍不免悲壮地失败了。

5. 太平天国运动，在用宗教信条理论作指导，小农经济作经济基础的情况下，最终被中外反动势力联合镇压。

太平天国运动虽然失败了，但是，其具有伟大的历史意义。

太平天国运动打击了封建主义，动摇了清朝的统治；打击了资本帝国主义的侵华势力，表现了中华民族顽强的反抗精神和爱国热情；打击了世界资本主义，鼓舞了世界被压迫民族和人民的解放斗争；首次提出了在中国发展资本主义的设想。

太平天国革命失败原因在于：没有科学的理论作指导，没有先进阶级领导，农民不可能领导革命取得彻底胜利；没有消灭封建土地所有制，解决农民土地问题；没能保持革命内部的坚强团结；对侵略者的本质认识不清，误认侵略者为"洋兄弟"；在政策与策略上犯了错误；后期在力量对比上，敌强我弱。

总之，在新旧交替时代的农民阶级，是与落后的封建生产方式联系的小生产者，不代表先进的生产力，具有落后性、分散性、自私性等特点。他们缺乏科学的世界观和方法论，提不出先进的革命纲领。因而，天京事变的悲剧，包含着历史的必然性。太平天国在定都天京以后，尽管推翻清王朝的目的还没有达到，但是太平天国的领导人却不能够居安思危，而是陶醉于已经取得的胜利。其失败的根本原因在于农民阶级的这种时代和阶级的局限，决定了他们在思想上提不出科学的理论，政治上提不出正确的革命纲领，组织上无法克服宗派主义倾向和保持内部团结，所以他们的失败是历史的必然。它的失败只能证明列宁“农民阶级无法通过自身来解放自己”观点的正确，也只能证明农民阶级不能领导中国革命取得胜利。

（四）“中体西用”

鸦片战争后，中国国门洞开，列强侵略不断加强，西方文化对中国的冲击也日益强劲。在这种形势下，以魏源为代表的一批有识之士，以探索“制夷”之策为宗旨，察觉到西方国家的“长技”，呼吁国人开眼看世界，向西方学习。

19 世纪 60 年代洋务运动兴起时，冯桂芬提出：“以中国伦常名教为原本，辅以诸国富强之术”。在冯桂芬的心目中，“伦常名教”是中国文化的根本，不得改变；“诸国富强之术”主要是指引进先进的器物和技艺，有益于国家的发展。后来不少人阐述了类似主张。如早期维新派人物郑观应也说过："中学其本也，西学其末也；主以中学，辅以西学。"

第二次鸦片战争后，外国侵略者为了建立半殖民地的统治秩序，千方百计在镇压太平天国起家的军阀官僚中，收买扶植代理人，那些反动的军阀官僚也积极投靠外国侵略者，以便加强自己的实力，奕䜣、曾国藩、李鸿章等就是典型代表人物。洋务派在对外战争中吃尽了外国"船坚炮利"的苦头，在镇压人民革命中又饱尝了外国洋枪洋炮的甜头。他们认为："中国欲自强，则莫如学习外国利器，欲学习外国利器则莫如觅制器之器。"

正是在这种思想指导下，从 19 世纪 60 年代开始到 90 年代，创办了近代军事工业和民用企业，兴建北洋海军，创办新式学堂，派遣留学生等。这就是被他们视为"救时第一要务"的洋务运动。

主张"中体西用"的洋务派，是封建统治集团中的一个派别。在如何认识和处理中西文化关系问题上，他们与同属封建统治集团的顽固派产生分歧，甚至进行过激烈争论。两派分歧和争论的焦点在于，要不要学习西方国家的科学技术方面的“长技”来“自强”。洋务派认为需要。顽固派坚持认为，学习西方这类东西是“用夷变夏”，违背了“祖宗成法”和“立国之道”。不过，在维护封建统治制度和“纲常名教”这一根本问题上，两派并没有原则性的分歧，即使洋务派也并不主张学习西方的民主制度。李鸿章就曾明确说过：“中国文武制度，事事远出西人之上，独火器万不能及。”

洋务运动的内容概括起来主要有三个方面：

1. 以“求强”为目的的军事活动。

创办军事工业，兴建新式海军，以加强清朝的武装力量。军事工业总共有二十余个，其中主要有：1861 年曾国藩在安徽创办安庆军械所；1865 年李鸿章在上海创办江南制造总局；1866 年左宗棠在福州创办马尾船政局；1891 年张之洞创办湖北枪炮厂，主要生产枪炮。此外，其他各省也有仿效的，如兰州、广东、福建、吉林等省先后创办了一些规模较小的军火工厂。洋务派创办的军事工业，完全采取官办的形式。经费靠国库开支，产品不参加市场交换、不是普通商品。经营管理极端腐败，如同封建衙门。机器、原料和技术在很大程度上依赖外国，甚至经营管理权也被洋人所操纵。因此，官办军事工业具有浓厚的封建性和买办性。

1875 年清政府着手筹建北洋海军，1885 年 10 月，清政府正式设立海军衙门，派醇亲王奕䜣为总理大臣，实权操在李鸿章手里。1888 年，北洋海军正式建成，拥有铁甲舰两艘，其他船舰十余艘，共计 22 艘。19 世纪 80 年代以后，李鸿章又在大沽海口建立船坞，随后，又建立了旅顺船坞和威海军港，海军提督是淮系将领丁汝昌。北洋海军是当时东方一支实力最强的舰队，是中国舰队中“最难对付的一个”。但是，在 22 艘船舰中有 5 艘购自德国，12 艘购自英国。不仅船买自外国，海军的总教练也由英人和德人充任。北洋海军的大权完全操在以李鸿章为首的淮系军阀手中，它不可能真正成为一支抵御外侮的海防力量。

2. 以“求富”为目的的经济活动。

创办“官督商办”的民用企业，以改变清朝在经济方面的困境。洋务派兴办的民用企业共有二十多个，其中主要有：1872 年李鸿章创办上海轮船招商局。最初只有三艘轮船，后来增加到 12 艘，主要航行于沿海和长江各口岸，是中国第一个航运公司。1880 年李鸿章创办天津电报总局，设分局七处，敷设了上海至南京，南京至汉口两条线路，是中国电报事业的开始。1882 年李鸿章创办上海机器织布局，局内设有轧花、纺纱、织布全套设备，该局到 1892 年，产量“每日夜已能出布六百匹，销路颇畅”。此外，还有开平矿务局、湖北织布局、汉阳铁厂、兰州织呢局等民用企业。这些民用企业一般为“官督商办”，有商股资本，产品用于交换，以获利为目的，并采取雇佣劳动，具有明显的资本主义性质。但经营管理腐败，贪污中饱，用人唯亲，种种弊端不胜枚举，封建性十分严重。

3. 文化教育活动。

创办新式学堂，倡导学习外语，派遣留学生，以适应军事、外交和经济活动的需要。1862 年在北京设立了京师同文馆，学习外国语言文字。后来，又增设了天文算学馆；1863 年，在上海创办广方言馆，也是学习外语的专门学校；1865 年江南制造总局设立了翻译馆，专门翻译外国的自然科技书籍；1866 年，福州船政局设立了船政学堂，学习英、法语言兼习造船、驾驶技术。1882 年设立了天津水师学堂；1887 年设立了广东水陆师学堂，1871 年向美国派遣了 120 名留美幼童。洋务派的文化教育活动，客观上促进了西学的传播，培养了近代科技人才，为西学东渐开辟了道路。

在中日甲午战争以后的几年间，严格说来，这时清朝政府说不上有什么主动的外交政策，它只能按照帝国主义列强的意愿，以中华民族和中国人民的血肉轮番地填塞一个个饿狼的肚子。在这些饿狼相互间的确存在着矛盾和冲突，所谓“以夷制夷”好像是利用这种矛盾，但事实并不是清朝政府利用它们之间的矛盾，而是它们不断地以中国的领土主权为牺牲品来调节它们之间的相互矛盾。

总之，洋务派不是什么进步势力，而是近代中国最反动势力的代表。洋务运动没有使中国强，更没有使中国富，而是加速了中国半殖民地化的进程。

（五）戊戌变法

甲午战争后，维新思想家提出的“变法”主张在新的历史条件下迅速传播，并且很快形成一股强大的社会思潮。一些先进的知识分子，怀着忧国忧民的爱国情感，开始深刻反省现实，总结第二次鸦片战争后兴起的洋务运动的失误和弊端。他们痛感封建专制制度的腐败，主张学习西方资本主义，认为只有进行社会改革，变法维新，走西方资本主义国家的道路，使中国富强起来，才能避免迫在眉睫的被瓜分危机。

早在19世纪70年代，随着近代民族工业的出现，产生了早期资产阶级改良主义者，其代表人物有王韬、郑观应等。他们强调向西方学习，寻求医治中国的方案，以解救民族危难，缓和社会矛盾。他们纷纷著书立说，阐述变法理论，形成了一股不可忽视的社会思潮，成为甲午战争后维新变法运动兴起的先声。他们的具体主张主要有：振兴工商业，发展资本主义；学习西方先进制度，设立议院，实行君主立宪等。这些观点反映了民族资产阶级的利益和要求。

康有为，广东南海县人，人称康南海。他自幼接受过正统的儒学教育，青年时期，开始关心国家命运，留意西学，后来，萌发变法思想。他从传统的儒家思想中，为变法寻找理论依据。他提出人类社会的进化过程要经过“据乱世”、“升平世（小康）”和“太平世（大同）”三个发展阶段理论，积极宣传变法。他在学生梁启超等人的协助下，写成《新学伪经考》和《孔子改制考》两部著作，系统阐发了变法理论。

“戊戌变法”又叫“百日维新”，是 1898 年发生在我国的一次向西方学习制度，把中国变成资本主义国家的运动。其代表人物主要有康有为、梁启超。

1895 年 4 月，日本强迫中国在日本马关与其签订《马关条约》的消息传到北京，康有为发动在北京应试的一千三百多名举人联名上书光绪皇帝，叙述严峻的形势，同时提出变法的主张，史称“公车上书”。这次上书，对清政府触动不大，却轰动了全国。“公车上书”被称为维新变法的序幕。1895 年 8 月，康有为、梁启超等人在北京出版《万国公报》（后改名为《中外纪闻》），宣扬变法；组织强学会。后来上海创刊《时务报》，成为维新派宣传变法的舆论中心。1898 年 4 月，在北京发起成立保国会，在维新人士和帝党官员的积极推动下，1898 年 6 月 11 日，光绪皇帝颁布“明定国是”诏书，宣布变法。变法从此日开始，到 9 月 21 日慈禧太后发动政变为止，历时 103 天，史称“百日维新”。

在此期间，光绪皇帝根据康有为等人的建议，颁布了一系列变法诏书和谕令。主要内容有：经济上，设立农工商局、路矿总局，提倡开办实业；修筑铁路，开采矿藏；组织商会；改革财政，取消旗人由国家供养特权，令其自谋生计。政治上，广开言路，允许士民上书言事；改订律例；裁撤冗员；澄清吏治；裁汰绿营，编练新军；添置船舰；扩建海军。文化上，废八股，兴西学；设立中小学堂；创办京师大学堂；设译书局，翻译外国书籍；允许设立报馆、学会；派留学生；奖励科学著作和发明。这些革新政令，目的在于学习西方文化、科学技术和经营管理制度，发展资本主义，建立君主立宪政体，使国家富强。

新政措施虽未触及封建统治的基础，但是，这些措施代表了新兴资产阶级的利益，为封建顽固势力所不容。清政府中的一些权贵显宦、守旧官僚对新政措施阳奉阴违，托词抗命。慈禧太后在光绪皇帝宣布变法的第五天，就迫使光绪连下三谕，控制了人事任免和京津地区的军政大权，准备发动政变。“百日维新”开始后，清政府中的守旧派不能容忍维新运动的发展。有人上书慈禧太后，要求杀了康有为、梁启超；而奕劻、李莲英跪请太后“垂帘听政”。

9 月中，光绪皇帝几次密诏维新派商议对策，但维新派既无实权，又束手无策，只得向光绪皇帝建议重用袁世凯，以对付荣禄。16 日、17 日，光绪皇帝两次召见袁世凯，并授予侍郎；18 日夜，谭嗣同密访袁世凯，劝袁杀荣禄，举兵救驾。事后，被袁世凯出卖。

1898 年 9 月 21 日凌晨，慈禧太后突然从颐和园赶回紫禁城，直入光绪皇帝寝宫，将光绪皇帝囚禁于中南海瀛台，然后发布训政诏书，再次临朝“训政”，“戊戌变法”失败。戊戌政变后，慈禧太后下令捕杀在逃的康有为、梁启超；逮捕谭嗣同、杨深秀、林旭、杨锐、刘光第、康广仁等人。9 月 28 日，在北京菜市口将谭嗣同、杨锐、刘光第、林旭、杨深秀、康广仁六人杀害。所有新政措施，除 7 月开办的京师大学堂外，全部被废止。从 6 月 11 日至 9 月 21 日，进行了 103 天的变法维新，以政变宣告失败。

戊戌变法作为近代中国一次比较完全意义上的改革运动，虽然被西太后扼杀了，但也为后来爆发的辛亥革命打下了思想基础。

戊戌变法是一场政治改革运动。在民族危机加剧的时刻，维新派以变法图强、救亡图存为目标，进行广泛的宣传鼓动，希望通过改革，使中国走向独立、民主和富强，从而摆脱帝国主义列强的侵略与欺凌，表现出强烈的爱国热情。

戊戌变法是资产阶级变革社会制度的初步尝试。维新派试图在政治上变封建君主专制为资产阶级君主立宪制，在经济上提倡兴办近代工业、交通运输业，为民族资本主义的发展创造有利的条件，符合历史发展的趋势。

戊戌变法也是近代中国的一次思想解放潮流。康有为、梁启超、谭嗣同等资产阶级维新派，提倡新学、主张兴民权，对封建思想文化进行了猛烈的抨击，为近代思想启蒙运动的蓬勃兴起开辟了道路，促进了中国人民的觉醒。维新运动留下的许多遗产，诸如解放思想、变革观念、建立社团、兴办学堂、创办报刊、提倡女学、改易风俗等，更成为中华文明发展史上的宝贵财富。

总之，这场变法运动推动了清政府的自我改革，推动知识分子由维新向革命转化，推动了中国的思想解放运动，成为五四新文化运动的前奏。

当然，戊戌变法的教训也是非常深刻的：

1. 在当时的中国，改良主义的道路行不通，中国近代化的路程是漫长而又坎坷的。戊戌变法失败，究其原因，与资产阶级维新派采取改良的方法，寄希望于没有实权的皇帝，寄希望于袁世凯和外国，脱离人民群众有关。

2. 客观上，新旧力量的对比明显不利于维新派。变法遭到保守势力的反对，而力量对比的天平却又明显地倾斜于保守派。从控制军政实权的大多数王公贵族，到军队将领和只会做八股文章的士子文人，为了维护既得利益，无不反对变法，从上到下构织成一张严密的抵制变法的网络。耐人寻味的是，本来与保守派有矛盾的洋务派，虽然在“西用”上与维新派有着共同的语言，但为了维护“中体”，而公然站到了保守派的阵营之中，使得维新派势单力薄。

3. 维新派的主要靠山光绪皇帝，名义上是已经亲政的皇帝，但最高权力实际上依然为慈禧所控制。维新派在变法期间只掌握一种权力，即起草上谕权，除此之外，他们什么也做不了主，在这样的情况下，他们只能依靠上谕来推行变法新政，但百日维新中所下的上谕真正得到执行的其实很少。维新派始终没有成为真正的改革实践者。

4. 最致命的是维新派始终没有认清光绪皇帝，没有看到光绪只是一个旧统治秩序的维护者、改善者，并不主张把中国建成一个资产阶级统治的君主立宪国家。虽然现实的危机促使他选择了变法的道路，但其根本目的是要实现他内心深处"君权至上"的理想。因此在发布那么多的上谕中，都没体现维新派所要求的立宪等主张。另外，作为中国近代社会新生力量的民族资本家群体中，很少有人直接参与或支持维新变法。而仅仅由一些具有资产阶级思想的知识分子来鼓动变法，这样变法失败的命运就不可避免。

5. 主观上，维新派举止失当，过于激进，加速了失败的步伐。主要是由于资产阶级维新派的软弱性和妥协性，缺乏反帝反封建的勇气，只采取改良的办法，并对封建反动势力和列强寄予幻想，远离了民众，又害怕民众，因而也就得不到人民群众的支持，归于失败。

维新变法的失败给后人留下了深刻的历史教训，它告诉我们：在当时的中国，改良主义道路走不通，中国近代化的进程漫长而又曲折。

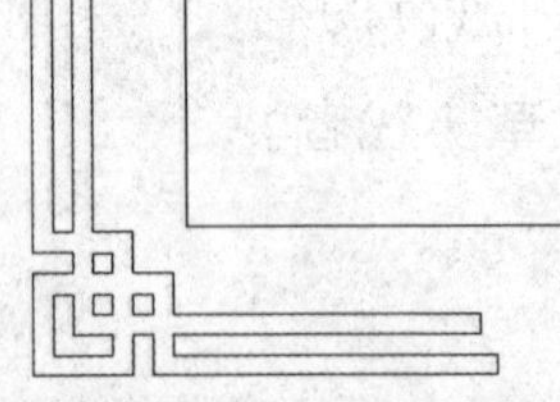

（六）辛亥革命

《辛丑条约》签订后，中国人普遍感到清政府腐败无能，应当推翻。迫于形势，清政府相继打出“新政”和“预备立宪”的幌子，进行了一些改革。这些改革客观上促进了资本主义的发展，为资产阶级民主革命准备了一些条件。

随着新式学堂的勃兴和留学教育的发展，革命知识分子的队伍不断壮大。他们把西方资产阶级革命时期的天赋人权、自由平等学说，作为民主革命的思想武器，进行大力宣传。

当时，上海和日本东京成为中国革命知识分子宣传民主革命思想的重要阵地。著名的民主革命宣传家有章炳麟、邹容和陈天华等。

1894 年，孙中山在檀香山建立中国第一个资产阶级民主革命团体兴中会，决心“驱除鞑虏，恢复中华，创立合众政府”。随后，民主革命团体如雨后春笋，纷纷出现。在孙中山推动下，1905 年 8 月，兴中会、华兴会、光复会骨干聚集日本东京，召开中国同盟会成立大会。大会通过了同盟会章程，以孙中山提出的“驱除鞑虏，恢复中华，创立民国，平均地权”为政治纲领，推举孙中山为总理，黄兴为执行部庶务，并决定创办机关刊物《民报》。中国同盟会是近代中国第一个统一的资产阶级革命政党。中国同盟会成立后，发动了一系列武装起义，推动全国革命进入高潮。与此同时，革命党人深入湖北新军，做宣传组织工作。参加革命团体的新军官兵达五六千人。武汉成为民主革命的摇篮。

资产阶级革命派的领袖孙中山在进行资产阶级革命的过程中，形成了三民主义的思想体系。其中民权主义最能体现他的民主思想。孙中山把民权主义视为“政治革命的根本”，它的主旨是推翻封建君主专制制度，建立民主共和国。孙中山设想，在要建立的新政权之下，“凡为国民皆平等以有参政权。大总统由国民共举。议会以国民公举之议员构成之，制定中华民国宪法，人人共守。敢有帝制自为者，天下共击之”。可见，他不但要建立一个资产阶级的国家政权，而且要防止帝制复辟。

以孙中山为首的资产阶级革命党人在对西方

民主政治进行学习的过程中，考虑了中国的实际情况，加以改造借鉴。例如，孙中山设计出推翻清政府后中国要建立的新政治制度，即在西方资本主义国家通行的“三权分立”的基础上，增加“考试权”和“监察权”两项，形成“五权分立”的方案。

三民主义是一个完整的思想体系，民权主义是与民族主义和民生主义密切联系的。孙中山解释说：“我们革命的目的，是为中国谋幸福。因不愿少数满洲人专制，故要民族革命；不愿君主一人专制，故要政治革命；不愿少数富人专制，故要社会革命。这三样有一样做不到，也不是我们的本意。”他所说的“民族革命”、“政治革命”、“社会革命”，分别对应于民族主义、民权主义和民生主义，三者紧密结合，不能截然割裂。在孙中山看来，推翻清朝的民族革命与颠覆君主政体的政治革命，是一件事情的两个方面，并不是把它们分作两次去做；而政治革命和民生主义的社会革命，也要“毕其功于一役”。这三种“革命”，都是从不同的方面反对专制，为人民争取权利。

孙中山心中的民主理想，是以建立资产阶级民主共和制度为核心，大大超越了君主立宪制。

在这种政治制度下，人民能享有更多的民主权利，有更多参政的可能。从实现政治目标的途径看，康有为、梁启超是保皇和改良，孙中山则要以暴力革命推翻清王朝。当然，孙中山当时所认识和要求的民主，仍带有较大局限性。

1911 年 4 月 27 日，黄兴领导革命党人在广州起义。他亲自率领勇士一百二十余人，攻入两广总督署，后又冲杀出来，在东辕门外与大股清军遭遇，双方激战一昼夜，最后只剩黄兴等少数人带伤逃走。后收殓尸体，得 72 具，合葬于广州黄花岗，称为“黄花岗七十二烈士”。这次起义也称为黄花岗起义。

1911 年 5 月，清政府秉承列强旨意发布“铁路国有”法令，强行收回民间集资自办的粤汉、川汉铁路，引起轰轰烈烈的保路风潮。四川同盟会会员组织保路同志军起义。清政府急调湖北新军入川镇压。鉴于湖北防务空虚，湖北革命党人乘机策划起义，但消息泄露，湖广总督下令搜捕革命党人，形势异常严峻。

1911 年 10 月 10 日，武昌城内新军工程营的革命党人率先起义，攻占楚望台军械库。新军炮兵、步兵闻风响应。经过一夜激战，革命军占领武昌。12日，占领武汉三镇。

武昌起义成功后，湖北军政府成立，推举旧军官黎元洪为都督，宣布废除宣统年号，改为黄帝纪元，国号为“中华民国”。各省纷纷响应，到11月下旬，全国有十几个省区脱离清廷，宣布独立。但是，各省的立宪派和封建官僚投机革命，革命阵营内部潜伏着危机。

列强看到革命浪潮难以阻挡，就一面宣布严守中立，一面寻找新的代理人作为它们统治中国的工具。它们看中了北洋军阀头目袁世凯。

1911年底，孙中山从海外回国。各省代表聚会南京，推举孙中山为中华民国临时大总统。1912年元旦，孙中山宣誓就职，宣告中华民国成立，定都南京，以五色旗为国旗。

1912年春，孙中山代表中华民国南京临时政府颁布《中华民国临时约法》。约法规定：中华民国主权属于国民全体；国内各民族一律平等；国民有人身、居住、财产、言论、出版、集会、结社、宗教信仰等自由；国民有选举权和被选举权。约法特别规定实行责任内阁制，内阁总理由议会的多数党产生。这部约法是中国近代史上第一部资产阶级性质的民主宪法，具有反对封建专制制度的进步意义。

辛亥革命爆发后，清廷任命北洋军阀头子袁世凯为内阁总理大臣，主持军政，企图挽救危局。袁世凯一面命令北洋军猛攻汉口、汉阳，一面向南京临时政府提出议和。列强以军事威胁、外交孤立和经济封锁为手段，向革命政权施加压力，并制造舆论，替袁世凯撑腰。革命营垒中的立宪派和旧官僚，乘机攻击革命党人。孙中山被迫妥协，表示如果清帝退位，袁世凯赞成共和，就保举袁世凯为临时大总统。在得到孙中山的保证后，袁世凯逼迫清帝退位。1912 年 2 月 12 日，宣统帝宣布退位诏书，清朝覆灭。次日，袁世凯通电赞成共和，孙中山向南京临时参议院提出辞职。接着，南京临时参议院推举袁世凯为临时大总统。同年 3 月，袁世凯在北京就任中华民国临时大总统。辛亥革命的胜利果实落入袁世凯手里。

辛亥革命是中国近代史上一次伟大的资产阶级民主革命。它推翻了清王朝，结束了中国两千多年的封建君主专制制度，建立起资产阶级共和国，使人民获得了一些民主和自由的权利。从此，民主共和观念逐渐深入人心。辛亥革命推翻“洋人的朝廷”，客观上打击了帝国主义侵略势力，为中国民族资本主义的发展创造了条件。

辛亥革命的失败，也有其深刻的原因：封建主义在军事实力、政治经验及社会基础等方面，都大大超过革命派，这是其失败的客观原因；资产阶级革命派政治上的软弱性和妥协性，则是革命失败的主观原因。其具体表现是：

1. 革命党人没有明确的、彻底的反帝反封建纲领。同盟会反满、反君主政体，却放过了主要敌人，因此在清帝退位后，就失去前进的目标。他们不敢和外国资本主义进行正面斗争，而是幻想以妥协和退让来得到外国资本主义的同情与支持。他们只关注建立“共和”政权，没有认识到必须反对封建地主阶级，结果让袁世凯篡夺了革命果实。

2. 革命派没有形成统一的、坚强的领导核心。中国同盟会，从成立时起，思想上就缺乏统一信仰，组织上也不够巩固。这样的政党，不可能领导革命走向胜利。

3. 辛亥革命没有触动半殖民地半封建社会的经济基础，不能充分发动和依靠群众特别是农民群众。他们利用会党、新军，却不发动广大农民。

4. 革命党人没有建立自己的革命武装，以推翻旧政府，保卫新政权。他们依靠的是清军士兵和民间秘密反清会党。武昌起义后，各地建立的民军，大部分是由原来的旧军队和会党改编而成，领导权也掌握在立宪派和旧官僚手里。

资产阶级革命派的上述弱点，是其阶级自身的软弱性和妥协性决定的。中国民族资产阶级由于受列强的压迫和本国封建主义的束缚，有反对外国资本主义、反对本国封建主义的革命要求，但他们又同外国资本主义和封建主义有着千丝万缕的联系，在经济上和政治上都异常软弱。他们幻想不反对外国资本主义侵略而获得民族独立，不推翻封建土地制度而建立民主政治，这就决定了辛亥革命必然失败的命运。

（七）反袁斗争

虽然辛亥革命的果实已经被袁世凯篡夺，但是，资产阶级革命派并不是立刻就认识到这一点的。在 1912 年 3 月袁世凯就任临时大总统的时候，有些表面现象使资产阶级革命派相信自己并没有失败。一些表面现象似乎可以表明，袁世凯当大总统无碍于革命的胜利。孙中山在他辞职后不久，1912 年 4 月间发表演讲，他当时认为，他此后的任务是从事社会事业，振兴实业。事实上，在民主共和国的招牌下，袁世凯正在一步步加强他的独裁统治。“临时约法”、“责任内阁”、“临时参议院”都不能对他起什么限制作用。辛亥革命的失败已成定局。

1. 二次革命

袁世凯在北京就任中华民国临时大总统不久，临时政府也迁到北京，南京临时政府夭折。一开始，袁世凯还摆出一副拥护共和的姿态，假惺惺地表示要“发扬共和之精神，荡涤专制之瑕秽”。但事实上，他一步步加紧走上复辟帝制的道路。

1913 年，袁世凯暗中使人杀害革命党人宋教仁。他为筹集对内镇压的军费，并借以讨好列强，又指令向英、法、德、日、俄五国银行团进行“善后大借款”。革命党人逐渐看出袁世凯的真面目，对他进行抵制。由革命党人所担任的江西、安徽、广东几个省份的都督，通电反对“善后大借款”，袁世凯下令将他们免职，并借端派兵南下，对革命党人进行武力镇压。革命党人被迫应战。战事主要在江西和江苏的南京进行，于 1913 年夏秋之际历时一个多月，革命党人方面失败，史称“二次革命”。

2. 护国运动

袁世凯以武力镇压了“二次革命”，于 1913 年 10 月胁迫国会将他选举为“正式”大总统，然后就下令解散国民党，并着手取消国会。1914 年，袁世凯操纵炮制出《中华民国约法》，取代《中华民国临时约法》。根据新“约法”，责任内阁制改为总统制；撤销国务院，在总统府内设政事堂，总统权力膨胀到近似皇权。为使自己能够终身任最高统治者，而且得以世袭，袁世凯又指使成立参政院，由它代行立法机关职权，炮制出新的《总统选举法》，规定总统可连选连任，继任者由总统提名。1915 年，袁世凯为了取得日本帝国主义对他复辟帝制的支持，接受了日本提出的旨在灭亡中国的“二十一条”。

他又授意亲信成立“筹安会”，公开进行复辟帝制的活动。还组织起五花八门的复辟“请愿团”，请求变更国体，制造“民意”借口。这时，一些帝国主义的代言人，也为支持袁世凯复辟大造舆论。曾做过袁世凯总统府顾问的美国人古德诺，即说中国是“民智低下之国”，“率行共和断无善果”，“如用君主制，较共和制为宜”。在国内外反动势力的支持下，袁世凯加紧复辟的筹划。他操纵各省推举“国民代表”进行国体投票，最后由参政院作为国民代表大会总代表，开验各地投票，获得“全票拥护”君主制的结果。袁世凯下令 1916 年改为“中华帝国洪宪元年”，准备在新年元旦正式举行登基大典。“洪宪帝制”的出笼，标志着袁世凯复辟帝制的逆流达到高潮。

针对袁世凯复辟帝制的倒行逆施，孙中山发表《讨袁宣言》，号召人民起来维护共和制度。梁启超发表《异哉，所谓国体问题者》一文，反对袁世凯称帝。蔡锷等人领导了声势浩大的护国运动。

梁启超和蔡锷曾一度拥护袁世凯。但随着袁世凯专制独裁日益明朗化，他们转而反袁，密谋从舆论宣传和武力两方面着手进行倒袁护国的斗争。1915 年秋，梁启超不顾袁世凯的威逼利诱，发表反对复辟帝制的文章，在社会上引起强烈震动。蔡锷则机智地摆脱袁世凯的监控，离开北京，几经辗转，于 1915 年底返抵他曾任都督的云南。他联络当地军阀势力，宣布云南独立，并组织起讨袁的“护国军”。许多地方的反袁势力纷纷响应，贵州、广西等省也相继宣布独立。护国军在兵力上虽然与袁世凯的军队相差悬殊，但讨袁斗争是人心所向，得到广泛支持。护国军入川作战，英勇顽强。在反对帝制怒潮不断高涨的形势下，袁世凯惶惶不可终日，被迫于 1916 年 3 月宣布取消帝制。孙中山发表《第二次讨袁宣言》。号召人民将反袁斗争进行到底。不久，袁世凯在忧惧中死去。护国运动也随之结束。

3. 讨逆运动

袁世凯死后，帝国主义列强失去了统治中国的共同工具，都各自寻找和扶植一派军阀，充当自己的工具。中国出现了各派军阀割据的局面。

北洋军阀失去了共同的主子，分裂为直、皖两个派系。皖系以段祺瑞为头子，在日本帝国主义支持下，从 1916 年 6 月至 1920 年 7 月，一直控制中央政权，盘踞河南、山东、安徽、陕西、福建、浙江等省。直系是以冯国璋为头子（冯死后以曹锟、吴佩孚为头子），在英、美帝国主义支持下，从 1920 年 7 月至 1922 年 4 月，同奉系联合控制中央政权，盘踞着江苏、江西、湖北等省，控制着长江流域的富庶地区。稍后，以张作霖为首奉系军阀也发展成为一大派系，控制了东北三省，在日本帝国主义扶植下，成为直、皖系之间举足轻重的势力。曾两度控制中央政权，直至 1928 年败亡。此外，还有山西的阎锡山、徐州的张勋。滇系军阀唐继尧、桂系军阀陆荣廷等地方小军阀。当时，全国除南方六省外，几乎都直接处在北洋军阀的控制之下。各派军阀都要抢夺地盘和政权，各帝国主义也都要通过支持和控制不同派系来扩大在中国的侵略势力。这样，在中国就形成了军阀分裂割据的局面。

1916 年 6 月，黎元洪继任大总统，段祺瑞任国务总理。但北京政府的实权操纵在段祺瑞手里。1917 年 2 月，各派军阀的矛盾和斗争首先在中央政府内部反映出来。这就是亲日的国务总理段祺瑞与亲英、美的总统黎元洪，围绕是否对德“参战”问题发生了所谓的“府院之争”。斗争的实质是争权夺利。双方谁能主持参战，谁便能捞到一笔帝国主义的借款，扩大自己的政治军事势力。在这种情况下，当段祺瑞提出对德宣战案时，便遭到黎元洪和国会的反对。4 月，段祺瑞在北京召集各省督军开会，组成“督军团”，胁迫黎元洪和国会同意参战。5 月 10 日，段祺瑞指使由数千人组成的“公民请愿团”，包围国会、殴打议员，要求通过参战案。黎元洪在国会和美国公使的支持下，停议该案。并于 23 日下令免去段祺瑞国务总理职务。段祺瑞愤然离京去津，发表通电不承认黎的免职令，并唆使皖系军阀并联络奉系军阀宣布脱离北京政府，在天津设立独立各省总参谋处，策划武力倒黎。

1917 年 6 月 7 日，张勋以“调停府院之争”为名，带领辫子军 3000 人由徐州北上。8 日，进至天津，得到段祺瑞的默许，并通电要求黎元洪解散国会，否则以武力对付。12 日，黎元洪被迫下令解散国会。14 日，张勋率部进入北京，加紧布置清帝复辟。7 月 1 日，张勋把年仅 12 岁的溥仪重新捧上皇帝宝座，宣布复辟，改称这一年为“宣统九年”，通电全国，改挂龙旗。张勋自任所谓首席内阁议政大臣，直隶总督兼北洋大臣。这时，散处各地的封建余孽纷纷向北京涌来，一些穿着清朝袍褂、脑后拖着真假发辫的遗老遗少又出现在北京街头。顷刻间，北京城内，乌烟瘴气。

黎元洪被迫出走后，电令副总统冯国璋代行总统职权，重新任命段祺瑞为国务总理，讨伐张勋。

复辟消息传出后，全国人民立即掀起了一个声势浩大的讨逆运动。处于张勋白色恐怖下的北京人民，奋起抵制，反对复辟。十几家报纸自动停刊，表示抗拒。有的人冒着生命危险，"拒挂龙旗。"上海、天津、武汉等地的报纸，纷纷发表文章和通电，声讨复辟。上海商界悬挂国旗三日，以表拥护共和的决心。广东人民自动集会，声援反复辟的正义斗争。在全国人民反复辟斗争的推动下，以孙中山为首的资产阶级革命民主派，在上海发表《讨逆宣言》，表示坚决反对帝制复辟，反对军阀统治，维护民主共和制度。段祺瑞看到利用张勋驱逐黎元洪、解散国会的目的已经达到，在日本一百万日元的"资助"下，组成"讨逆军"，自任总司令，讨伐张勋。7月2日，"讨逆军"在马厂"誓师"，进军北京。辫子军投降，张勋逃入荷兰使馆。溥仪再次宣布退位。复辟丑剧，仅演了12天就迅速破产了。

袁世凯和张勋两次复辟的破产，说明民主共和政体已经深入人心，谁想复辟帝制，必然被历史的车轮辗得粉碎。

4. 护法运动

张勋复辟垮台后，副总统冯国璋代理大总统。段祺瑞重任国务总理，再度掌握中央政府大权。

段祺瑞为了在中国建立军事独裁政权，不惜出卖国家主权，投靠日本帝国主义。1917 年 8 月，段祺瑞政府宣布对德宣战，以“参战”为名，向日本大量借款，组成所谓“参战军”，扩充皖系势力。推行反动的“武力统一”政策。日本以支持段祺瑞政府《参战》为名，从 1917 年至 1918 年，给段祺瑞 5 亿日元的借款。其中仅“西原借款”一项即达 1.45 亿日元。通过这些借款，段祺瑞把我国山东和东北地区铁路、矿产、森林等权益大量出卖给日本帝国主义。1918 年，段祺瑞又与日本订立旨在反对俄国十月革命的《中日陆军共同防敌军事协定》和《中日海军共同防敌军事协定》，使日本取得了在我国驻兵和军队自由出入我国东北与蒙古的特权。短期内，日军竟有七八万人侵入东北。迅速代替了沙俄在东三省的侵略地位。而段祺瑞政府在日本支持下，扩大了皖系的军事实力，蓄意武力统一南方。

段祺瑞重新上台后，拒绝恢复旧国会与《临

时约法》。这时孙中山认识到，段祺瑞等北洋军阀统治下的中华民国仍然徒有虚名。他明确提出打倒假共和、建立真共和，号召维护《临时约法》，恢复归国会，开展“护法运动”。1917 年 7 月 17 日，孙中山在部分海军护送下，从上海到广州，举起护法旗帜。21 日，海军总长程壁光在上海发出通电：“拥护约法，恢复国会”，脱离北京政府，率领海军第一舰队从上海开赴广州。西南军阀害怕被皖系吞并，想借孙中山的威望，利用护法战争之机，巩固和扩大自己的势力。8 月，一百五十多名响应护法号召的原国会议员，相继到达广州，讨论国会开会问题。因不足法定人数，乃召开“非常国会”。9 月 1 日，非常国会选举孙中山为海陆军大元帅，西南军阀陆荣廷、唐继尧为元帅，建立了与北京段祺瑞政府相对立的南方护法军政府。接着，护法军出师北伐，护法战争开始。战争主要在湖南进行。

北京政府内部，在对待护法运动问题上又开始了直系和皖系之争。段祺瑞政府主张以北洋派的优势兵力，“武力统一”西南各省。10 月，段祺瑞命令直系军队进入湖南与护法军作战，企图借直系军阀力量消灭护法军，又利用护法军削弱直系势力。直系军阀曹锟、吴佩孚的军队攻占了长沙，段祺瑞却任命皖系军阀张敬尧为湖南督军。这就加深了直、皖之间的矛盾。而冯国璋则提出“和平统一”口号，以拆段祺瑞的台，保存自己的实力，并命令进入湖南的直系军阀，消极作战。11 月，直系军阀在湖南自动退兵，并联合西南军阀，共同对付皖系。直隶、江苏等省直系督军，联合发出通电，主张与护法军军政府和平解决。

在北京政府争吵不休的时候，护法军政府内部由于亲英、美势力的大肆活动，也发生了重大分裂。孙中山坚决反对北京政府，而西南军阀与直系军阀勾结，只反对段祺瑞，不反对北京政府，也不再支持孙中山北伐，反而图谋排挤孙中山。1918 年 1 月，两广和云贵等省军阀，在广州组成“西南自主各省护法联合会”，与孙中山主持的护法军政府相对抗。5 月，孙中山被迫辞去大元帅职务。在反动政客和国民党右派议员的操纵之下，非常国会改组军政府，改大元帅制为“总裁制”，选举孙中山、陆荣廷、唐继尧、唐绍仪、伍廷芳、林葆怿，岑春煊七人为总裁，孙中山列为七总裁之一，实权却掌握在西南军阀的手中。孙中山被迫通电辞职，并愤懑地说：南北军阀是“一丘之貉”。至此，孙中山对反动军阀有了进一步的认识。5月21日，孙中山离开广州赴上海，护法运动失败。

护法运动旨在反对北洋军阀反动统治，维护《临时约法》的尊严，有其进步意义。但是，在旧民主主义革命的低潮时期，资产阶级还用“议会政治”、“约法”作为武器进行战斗，已不能适应形势的发展和群众的需要。孙中山依靠南方小军阀去反对北方大军阀，脱离了广大人民群众，护法运动不能不遭到失败。护法运动的失败，说明中国资产阶级领导的旧民主主义革命，已经完全陷入绝境。

辛亥革命后，孙中山先后进行了“二次革命”、“护国运动”乃至“护法运动”等重大斗争，结果都一一失败，中国仍然处在军阀的黑暗统治之下，人民群众依然过着极端贫困、毫无民主权利的生活。对此，孙中山感到非常痛苦。但是，这位伟大的革命家并没有灰心，在革命的征途上，继续探索革命的道路。

护法运动显示了孙中山坚持为民主共和而斗争的决心和勇气。但运动很快失败，民主共和制度并没有真正恢复起来，中国依然处于列强支持下的军阀纷争局面。中国反对帝国主义、反对封建军阀专制、获得民族独立富强的艰巨历史使命呼唤新的政治力量站出来承担。

三、走自己的路

（一）五四运动

辛亥革命虽然推翻了统治中国两千多年的封建帝制，但是北洋军阀窃取了政权，中国半殖民地半封建社会的性质并没有改变，继续进行民主革命仍然是中国人民的主要任务。

第一次世界大战期间，由于西方列强忙于战争而放松了对中国的经济侵略，从而为中国民族资本主义工业的发展提供了极好的机会。随着中国民族资本主义经济的发展，中国工人阶级的队伍也有了较快的发展。到1919年五四运动前，中国产业工人队伍已经增加到二百万左右。中国工人阶级生长在半殖民地半封建社会环境中，是中国社会中最先进、最革命的阶级。中国工人阶级的成长壮大和工人运动的发展是五四运动和中国共产党产生的阶级基础。

十月革命前，马克思主义在中国并未产生什么影响。十月革命后，情况发生了显著变化。在十月革命的影响下，一些先进的知识分子从学习欧美转向学习俄国，逐步由激进的民主主义者转变为初步具有共产主义思想的知识分子，并开始在中国积极传播马克思主义。国内出现了学习和研究马克思主义的新思潮，将新文化运动引向了新的发展阶段。马克思主义在中国的传播是五四运动和中国共产党产生的思想基础。

1918年11月，第一次世界大战以德、奥等同盟国的失败而告结束。1919年1月，战胜国在法国巴黎召开所谓“和平会议”，实际是帝国主义的一次分赃会议。中国由于在大战中参加了协约国方面，所以作为战胜国之一，派出代表出席巴黎和会。中国代表在全国舆论的压力下，向“和会”先后提出废弃势力范围；撤退外国军警，裁撤外国邮局及有线无线电报机关；撤销领事裁判权，归还租界；关税自主；取消“二十一条”；收回德国在我山东侵占的权利等合理要求。由于英、美、法等帝国主义在中国拥有多种特权和利益，因此，对中国提出的要求不予讨论，却决定把德国在山东的权益全部让给日本，并写进了《凡尔赛和约》。

巴黎和会上中国外交失败的消息传出以后，引起全国人民的极大愤怒，广大人民反对帝国主义的爱国运动，像火山一样爆发了。1919 年 5 月 4 日，北京学生三千余人，冲破教育部代表和军警官吏的阻挠，集会于天安门前，高呼“外争国权，内惩国贼”、“拒绝在巴黎和约上签字”、“誓死力争，还我青岛”等口号，一致要求惩办曹汝霖（交通总长，订二十一条时为外交次长）、陆宗舆（币制局总裁，订二十一条时为驻日公使）、章宗祥（驻日公使）三个卖国贼。开始游行后，学生一路散发传单，进行爱国宣传。游行队伍先向东交民巷使馆区进发，被外国巡捕无理拦阻。学生们义愤填膺，决定找卖国贼曹汝霖算账，随后走向东单赵家楼，包围了曹汝霖住宅，痛打了正在曹宅的章宗祥，火烧了赵家楼。北京军阀政府派出反动军警进行镇压，殴打爱国学生，并逮捕三十多人。第二天，北京专科以上学校的学生举行罢课；表示强烈抗议和营救被捕同学。6日，北京中等以上学校学生联合会成立，发通电，散传单，组织演讲团，号召人民奋起救国，要求严惩卖国贼，拒绝在“和约”上签字。北京学生的爱国行动，得到全国各界的支持和关切，上海、天津等地以团体和个人名义要求释放被捕学生。各地学生纷纷起来响应。11日北京各大专学校教职员联合会正式成立，和学生们一起参加爱国斗争。19日北京学生再次举行全体罢课。学生联合会组织演讲团、国货维持会、护鲁义勇队，进行军事训练等，继续进行斗争。具有初步共产主义思想的知识分子李大钊、陈独秀等在北京，毛泽东等在长沙，周恩来、马骏等在天津，指导了这个伟大的反帝运动。

6月3日到4日，军阀出动大批军警逮捕北京爱国学生一千多人。这一野蛮暴行，进一步激起了全国人民反帝反军阀的怒潮。6月3日以后，工人阶级首先行动起来，举行政治大罢工，声援学生的爱国运动，使斗争发展到一个新的阶段。

斗争的中心由北京转到上海，运动的主力由学生群众转为工人阶级。6 月 5 日，上海内外棉纱厂工人首先举行罢工。接着日华纱厂、上海纱厂的工人，商务印书馆和中华书局的工人相继罢工。从 6 日开始，参加罢工的有纺织、机器、印刷、铁路、电车、汽车、电话、造船、码头、轮船、烟厂、铁厂等五十多个单位的工人，共有六七万人。工人罢工一开始就显示了鲜明的政治目的，表示罢工是“为国家之土地，再为学生被拘速救释放”，是要“唤醒国民”，“救灭亡之祸”。工人阶级不畏帝国主义和反动政府的武装镇压，不顾资本家的阻挠破坏，除坚持罢工斗争外，还举行声势浩大的集会和示威游行，显示了革命的坚决性和彻底性，显示了工人阶级的巨大威力。与此同时，长辛店、唐山、济南、九江、杭州、南京、武汉等地的工人也举行了罢工或示威游行。在工人罢工、学生罢课的推动下，上海及一些城市的商人也相继举行罢市。运动迅速遍及全国 22 个省的一百五十多个城市，发展成为有广大的工人阶级、小资产阶级和民族资产阶级参加的轰轰烈烈的全国范围的革命运动。

全国反帝群众运动的高涨，特别是工人阶级

的罢工斗争，给帝国主义和封建军阀的统治造成巨大的威胁。北洋军阀政府被迫释放全部被捕学生，10日免去曹汝霖、陆宗舆、章宗祥三个卖国贼职务。同日，国务总理钱能训辞职。次日，总统徐世昌提出辞职。28日，在巴黎的中国政府代表拒绝在和约上签字。五四爱国运动获得了重大胜利。

五四运动的伟大历史意义，在于它带着为辛亥革命还不曾有的姿态，即彻底地不妥协地反帝国主义和彻底地不妥协地反封建主义。它表明中国反帝反封建的资产阶级民主革命已经发展到一个新阶段，即由旧民主主义革命阶段发展到新民主主义革命阶段，是中国新民主主义革命的开端。在五四运动中，工人力量的兴起，推动了具有初步共产主义思想的知识分子，积极投身到工人中间进行马克思列宁主义的宣传和工人组织工作，促进了马克思列宁主义和中国工人运动的结合，在思想上和干部上为中国共产党的成立作了准备。

五四运动以前，宣传新文化、新思想的刊物只有《新青年》、《每周评论》和《新潮》等可数的几种。五四运动后的一年中，新出版的刊物达一百多种。著名的有上海《民国日报》副刊《觉悟》，上海的《星期评论》，长沙的《湘江评论》，北京的《少年中国》与《新生活》、《新社会》，天津的《觉悟》等。五四运动前，在学生中出现的进步社团有学生救国会在北京组织的“国民杂志社”、李大钊参与发起的“少年中国学会”、恽代英发起和组织的“互助社”、毛泽东等发起和组织的“新民学会”、邓中夏发起和组织的“北京大学平民教育讲演团”等。五四运动的一年中，这类社团涌现出三四百个。这类社团，通常都是由一些志趣相投，关心社会改造的青年学生组成。

这批经受五四革命洗礼的知识青年们，其中许多人开始改变了走资本主义道路的旧观念、旧思想，出现了一个介绍和宣传社会主义的热潮。但是，当时，介绍和宣传的社会主义内容极其庞杂。除了科学社会主义之外，还包括其他各色各样的社会主义流派，如无政府主义、新村主义、合作主义、基尔特社会主义等。与此同时，许多现代资产阶级改良主义思想和唯心主义哲学流派，也广泛地在中国传播开来。青年们对于这名目繁多的“新思想”，在进行探索、比较、争辩、选择。

（二）开天辟地

五四运动后，西方各种哲学政治思潮涌入中国，全国宣传新思潮的刊物大量涌现，以李大钊、陈独秀等为代表的先进知识分子更加深入地、广泛地传播马克思主义，宣传的阵地和范围也在不断扩大。他们还在各地组织了进步团体，翻译出版马克思主义著作等。马克思主义的广泛传播为中国共产党的建立奠定了思想基础。

五四运动后，中国工人阶级迅速成长壮大，并以崭新姿态登上了政治舞台，为中国共产党的诞生奠定了思想基础和阶级基础。五四运动后涌现出来的一批具有初步共产主义思想的知识分子投身到工人群众中，进行了大量的组织、宣传工作。以他们为桥梁，马克思主义与中国工人运动便逐渐结合起来。

1920 年 8 月，陈独秀在上海建立了第一个共产党早期组织，定名为“共产党发起组”。在上海发起组的联络和推动下，1920 年秋到 1921 年上半年，中国共产党的早期组织相继在北京、长沙、汉口、济南、广州成立。在日本的东京和法国的巴黎，留日和留法学生也都成立了中国共产党早期组织。中国共产党早期组织的纷纷建立为成立统一的中国共产党组织奠定了组织基础。

为推进马克思主义与工人运动的结合，各地共产主义小组加强了在工人中的宣传工作和组织工作。1920 年 8 月，上海小组创办《劳动界》周刊。11 月，北京小组创办《劳动音》，广州小组创办《劳动者》和《劳动与妇女》。这些刊物深刻地揭露了中国社会的黑暗状况，反映了工人阶级的痛苦生活，指出工人阶级求得解放的道路。有些小组还在工人比较集中的地方举办工人补习学校，帮助工人建立工会组织。1920 年 10 月至次年 5 月，北京小组在长辛店创办了劳动补习学校，帮助工人建立工会组织——工人俱乐部；上海小组举办了上海第一劳动补习学校，帮助工人建立了机器、纺织、印刷工会和工商友谊会（店员的组织）；湖南小组经常到纺织厂、造纸厂、火车头修理厂、面粉厂、铁路工人、泥木工人搬运工人中进行工作，开办了工人夜校，帮助工人建立了工会组织；济南的理发工人、印刷工人，广州的理发工人和武汉的人力车工人，都在当地共产主义小组领导下成立了工会。

经过各地共产主义小组的努力，工人阶级的组织程度和觉悟程度有了很大的提高，马克思主义同工人运动逐步结合起来，正式建立中国共产党的条件已基本具备。

中国共产党第一次全国代表大会，于 1921 年 7 月 23 日至 31 日在上海举行。参加大会的有各地共产主义小组推举的代表毛泽东、何叔衡、董必武、陈潭秋、王烬美、邓恩铭、李达、李汉俊、张国焘、刘仁静、陈公博、周佛海；还有陈独秀指派的代表包惠僧。代表全国五十多名党员。共产国际代表马林、尼科尔斯基也出席了会议。大会的中心任务是讨论正式成立中国共产党问题。大会通过了党的第一个纲领和党的任务的决议。

纲领规定，党定名为中国共产党。党的奋斗目标是，领导工人阶级以武力实行彻底的社会革命，夺取政权，建立无产阶级专政，消灭生产资料私有制，实现共产主义。党的组织要按民主集中制原则建立起来，各级党的委员会要经民主选举产生，要执行党的纲领和政策，要接受中央的领导和监督。吸收党员必须具有严格的手续和条件，必须承认党的纲领，遵守党的纪律。中国共产党和共产国际建立密切联系。大会规定，党在当前的中心工作是组织工人阶级，领导工人运动。派出一批党员领导工人成立工会、成立工人夜校，在工人中大力宣传马克思主义，启发工人觉悟，推动工人运动的发展。大会决定成立“中国劳动组合书记部”，作为领导工人运动的公开机关。大会选举陈独秀、张国焘、李达等组成中央局，陈独秀任中央局书记。

中国共产党的成立具有伟大的历史意义。有了中国共产党，中国工人阶级有了自己坚强的战斗司令部，灾难深重的中国人民有了可以信赖的组织者和领导者，中国革命事业的胜利有了可靠的保证。

中国共产党的成立适应了近代以来社会进步和革命发展的客观要求，是开天辟地的大事变。中国共产党作为中国最先进的阶级——工人阶级的政党，不仅代表着工人阶级的利益，而且代表着整个中华民族的利益。中国共产党从一开始就拥有马克思主义这个最先进的思想武器，因而能够为中国革命指明前进的方向。正是这个党，给灾难深重的中国人民带来光明和希望。虽然这时它的力量还很弱小，但它满怀信心地以改造中国为己任，为争取民族独立和人民解放，实现国家的繁荣富强和人民的共同富裕，开始了艰苦卓绝的斗争历程。自从有了中国共产党，中国革命的面目就焕然一新了。

一大以后，中国共产党有计划地大力从事工人运动，并取得了一定的成就。但随着国际形势的变化，正确认识国情，并进而制定出适合革命要求的纲领，成为摆在中国共产党人面前的一项迫切任务。1922 年 7 月，中国共产党在上海召开了第二次全国代表大会。会议的中心任务是制定共产党的纲领。大会提出中国共产党现阶段民主革命的纲领是打倒列强，推翻国际帝国主义压迫，统一中国为真正的民主共和国。在中国近现代革命史上第一次明确了革命的性质、对象、形式、动力和目标，初步解决了中国革命分两步走的问题。这对于当时的革命斗争有着重要的现实指导意义。中国共产党二大标志着共产党创建工作的完成。

中国共产党成立后，建立了中国劳动组合书记部，集中力量领导工人运动。在党的领导下，以 1922 年 1 月香港海员罢工为起点，掀起中国工人运动的第一个高潮。在持续 13 个月的时间里，全国发生大小罢工一百多次，参加人数在 30 万以上。

1923 年 2 月 4 日爆发的京汉铁路 3 万名工人大罢工使第一次工人运动高潮达到顶点。2 月 7 日，在帝国主义势力的支持下，军阀吴佩孚调动军警在京汉铁路沿线血腥镇压罢工工人。京汉铁路总工会江岸分会委员长、共产党员林祥谦和京汉铁路总工会与湖北省工团联合会法律顾问、共产党员施洋等先后被杀害。二七惨案发生后，全国工人运动暂时转入低潮。

二七惨案后，在帝国主义和封建军阀的武力镇压下，全国各地工人组织受到很大摧残，工人运动暂时转入低潮。工人运动的第一次高潮，显示了工人阶级的强大力量，提高了工人阶级的政治觉悟和组织程度，扩大了中国共产党和工人阶级在人民群众中的政治影响。同时，使工人阶级和中国共产党吸取了血的教训，这一时期党领导的工人斗争取得的重要经验教训主要有：

第一，中国革命的敌人是异常强大的。为了战胜强大的敌人，仅仅靠工人阶级孤军奋战是不够的，必须联合农民阶级和其他阶级，组成最广泛的统一战线。

第二，在半殖民地半封建的中国，工人没有起码的民主权利，几乎所有规模较大的工人斗争都遭到反动军警的镇压，因此，仅仅依靠罢工或其他合法斗争是不行的，必须进行武装斗争。中国共产党人正是带着这些经验教训进入以国共合作为基础的大革命时期。

从此，党采取了积极的步骤，去联合孙中山领导的国民党，组织革命统一战线，进行反对帝国主义和封建军阀的革命战争。

（三）国共合作

国共合作是共产国际和中国共产党人首先倡导的。从当时的国内外的时代背景、国共双方的处境及孙中山的民主革命思想变化等原因中去看，有以下因素。

1. 国内因素

（1）共产党接受二七惨案教训。在帝国主义和封建军阀的武力镇压下，全国各地工人组织受到很大摧残，工人运动暂时转入低潮。使工人阶级和中国共产党吸取了血的教训，没有强大的同盟军，没有自己的武装力量，就不可能取得革命的胜利。于是联合孙中山领导的国民党，组织革命统一战线。

（2）国内力量团结的需要。国民党和共产党有共同的反封建反军阀、实现民族独立和民主的要求。由于第一次护法斗争失败，使孙中山认识到南方军阀和北方军阀是“一丘之貉”。而 1919 年中国爆发的五四运动，让孙中山看到了人民群众的伟大力量。为了中国的前途和民族的发展，各革命阶级完全有必要团结起来组成革命的联合战线，向封建军阀开战。

（3）孙中山的第二次护法斗争失败。第一次护法斗争失败后，1921 年 5 月，孙中山在广州组建中华民国政府，当选非常大总统，准备以广东为革命根据地进行北伐以统一中国。但是，第二次护法斗争失败了。形势表明，在南北军阀的夹攻下，严峻的形势教育了孙中山，使他逐渐认识到依赖军阀统一中国的想法是不现实的。

（4）共产党对孙中山真诚的帮助。1922 年中国共产党“西湖会议”，专门讨论了中国共产党人以个人身份加入国民党的问题，决定接受孙中山的要求，实现“党内合作”。1923 年 6 月召开的中国共产党第三次代表大会，基本解决了统一全党思想，如何与国民党进行合作，建立革命统一战线的问题。

(5) 中国国民党革命彻底性不强。1919 年改中华革命党为“中国国民党”。这期间，中国国民党发展较快，但是，大多数是无战斗力的，国民党处于瘫痪状态。孙中山要改组国民党，清除腐败分子，吸收新鲜血液，用新思想去改造原国民党不愿为革命三民主义奋斗，不服从领袖指挥的弊端，同当时革命的中国共产党合作就成为必然趋势。

2. 国际因素

(1) 孙中山向列强寻求同盟支持的失败。为了实现革命救国，曾长期寻求西方列强的同情和支持。即便他在与苏联、共产国际发展友好关系的同时，也从未停止这种寻求。列强认为孙中山欲使中国独立富强的革命思想及与苏联、共产国际的合作会使列强的利益受损。孙中山向列强寻求的支持失败了，这使他更加倾向于与苏联、共产国际发展同盟关系。

(2) 苏联、共产国际对孙中山革命事业的关注和支持。苏联政府代表越飞和孙中山发表了《孙中山和越飞会谈纪要》，即历史上著名的《孙文越飞宣言》。宣言的发表标志着孙中山与苏联、共产国际合作关系的初步建立。大大推动了孙中山改组国民党并与中国共产党合作的进程。

3. 孙中山个人因素

孙中山之所以选择与中国共产党合作，当时的国内外时代背景是客观的和主要的原因，但是，从孙中山个人从事革命的一生来看，也有其主观上的原因。

孙中山一生执着追求救国救民真理的思想，是他选择与共产党合作的一个共同思想基础。“扶助农工”思想的形成，为孙中山决定实行联共和实现国共合作奠定了深刻的思想基础。

在共产国际和中国共产党的帮助下，1924 年 1 月 20 日至 30 日，中国国民党第一次全国代表大会在广州隆重召开。出席大会的代表 165 名中，一部分是由孙中山指定的，一部分是由各地党员推选产生的。在被指定和被推选的代表中有共产党人李大钊、毛泽东，谭平山、林伯渠、瞿秋白、于树德、李维汉、王烬美、夏羲等 23 名。陈独秀也是大会代表，但没有出席。孙中山以国民党总理身份担任大会主席，并指定胡汉民、汪精卫、林森、谢持、李大钊五人组成大会主席团。共产党员参加了大会宣传、组织章程，组织宣传、组织党务等审查委员会的工作，苏联顾问鲍罗廷也参加了大会。

大会第一天，由孙中山担任大会主席并致开幕词。他指出，此次国民党改组要做两件事，第一是把国民党组织成一个有力量的政党，第二是用政党的力量去改造国家。他在 1 月 23 日大会上发表的演说中，在进一步总结了国民党过去的经验教训基础上，阐述了国民党改组的必要性。他还阐述了学习苏联革命经验的重要意义，指出："中国革命六年后，俄国才有革命。俄国革命党不仅把世界最大权威之帝国主义推翻，且进而解决世界经济政治诸问题。这种革命，真是彻底的成功，皆因其方法良好之故。"要学习俄国的经验，"把党巩固起来"，使其"成为一个有组织的有力量的机关，和俄国革命党一样"，"按照办法条理，合全国而为一，群策群力，努力而行，则将来成功必定更大。"

大会听取了谭平山代表国民党临时中央执行委员会向大会作的工作报告、柏文蔚作的军事报告、各地代表作的党务状况报告。大会通过了《中国国民党章程》、《改组国民政府之必要案》和《中国国民党第一次全国代表大会宣言》等文件，大会选举了国民党中央执行委员会和监察委员会。

大会通过的有共产党人参加起草的宣言中，接受了共产党提出的反帝反封建主张，以联俄、联共、扶助农工三大政策为基础，重新解释了三民主义。

关于民族主义，宣言指出对外“中国民族自求解放”。揭露了帝国主义对中国的侵略和掠夺，指出辛亥革命后，“帝国主义则包围如故，瓜分之说变为共管，易言之，武力之掠夺变为经济的压迫而已，其结果足使中国民族失其独立与自由一则也”，“国内之军阀既与帝国主义相勾结……故中国民族政治上、经济上皆日即于憔悴”，因此，明确提出民族主义对外目标是反对帝国主义。对内“中国境内各民族一律平等”，“于反对帝国主义及军阀之革命获得胜利之后，当组织自由统一的（各民族自由联合的）中华民国”。从而，消除国内的民族压迫。这样，就改变了过去旧民族主义中“维持国际地位平等”、“民族独立”等较为模糊的要求，并克服了大汉族主义的缺陷。

关于民权主义，宣言指出：“近世各国所谓民权制度，往往为资产阶级所专有，适成为压迫平民之工具。”而新的民权主义主张政权“为一般平民所共有，非少数人所得而私”，“凡真正反对帝国主义之个人及团体，均得享有一切自由与权利；而卖国罔民以效忠于帝国主义及军阀者，无论其为团体或个人，皆不得享有此等自由及权利”。为此，宣言提出必须实行直接民权，即给国民以选举、创制、复决和罢免四权，使国民能直接监督政府。这样，就把建立资产阶级专政的纲领发展成为建立反帝反封建的各革命阶级联合专政的纲领。

关于民生主义，宣言指出民生主义原则之一是“平均地权”。宣言批判了封建土地制度，指出：“盖酿成经济组织之不平均者，莫大于土地权之为少数人所操纵”，从而造成“全国各阶级所受痛苦，以农民为尤甚”。为解决这一弊端，必须实行平均地权，并且提出“要由国家规定土地法、土地使用法、土地征收法及地价税法”，以保证平均地权的原则得以实施。宣言指出民生主义另一原则是“节制资本”，就是“凡本国人及外国人之企业，或有独占的性质，或规模过大为私人之力所不能办者，如银行、铁道、航路之属，由国家经营管理之，使私有资本制度不能操纵国民之生计”。这一原则，既允许不操纵国民生计的资本主义有一定发展，又不允许由于发展资本主义经济重蹈西方资本主义的覆辙。这样，新的民生主义就和反对封建剥削制度、反对帝国主义经济侵略联系起来，和工农群众的迫切要求联系起来。

经过共产党人的帮助，孙中山总结了长期革命斗争的经验教训，在宣言中，贯彻了联俄、联共、扶助农工三大政策的精神，把旧三民主义发展为新三民主义，使其在新的历史时期，增添了革命内容，顺应了革命潮流和历史发展的要求。同时，新三民主义的政治原则和中国共产党的民主革命纲领基本上一致。因而，它成为国共两党合作和各个革命阶级统一战线的政治基础。

但是，新三民主义政纲和无产阶级在民主革命阶段的政纲还是有原则区别的：在民主革命阶段的部分纲领上不同；有无社会主义革命阶段问题上不同；宇宙观不同，革命彻底性不同，对领导权问题的观点不同。

大会讨论并通过了改组国民党的各项措施，

使国民党成为各革命阶级联盟的统一战线的组织形式。大会在讨论《国民党章程草案》时，少数国民党右派反对共产党员的“跨党”，主张在《国民党党章》中明文规定“本党党员、不得加入他党”，并诬蔑共产党员加入国民党是一种“阴谋”。对右派分子这种妄图阻挠、破坏国民党改组的行为，李大钊当场作了发言，并印发了《意见书》，予以驳斥，指出：共产党员可以加入国民党去从事国民革命的运动，但不能因为加入国民党而脱离共产党。共产党员加入国民党，“是一个一个的加入的”，不是以团体加入的。共产党员的“跨党”，“是光明正大的行为”。

李大钊的发言，得到廖仲恺等国民党左派和大多数代表的支持。会议否定了国民党右派分子的提案，通过了共产党员和青年团员以个人身份加入国民党的决定。在选举中央机构时，共产党人李大钊、谭平山、于树德被选为中央执行委员会委员，毛泽东、林伯渠、翟秋白、张国焘等被选为候补委员。在组织国民党中央机关时，又有一些共产党员被选为部长或中央各部秘书。会后，全国大部分地区以共产党员和国民党左派为骨干进行了改组或建立了各级国民党党部。这样，国民党就转变为工人、农民、小资产阶级和民族资产阶级的民主革命联盟，成为革命统一战线的组织形式。实际上它还是以资产阶级为主体的资产阶级性质的政党。

这次大会完成了国民党的改组，标志着以国共合作为基础的革命统一战线的正式建立。革命统一战线的建立，有力地促进了革命运动的恢复和发展，加速了中国革命的进程，成为革命新高潮的起点。

（四）国民革命运动

1924 年至 1927 年，一场以推翻帝国主义在华势力和北洋军阀为目标的革命运动，似滚滚洪流席卷中国大地，人们通常把它称为“大革命”或“国民革命”。

国民党一大的成功召开标志着第一次国共合作的实现和革命统一战线的正式建立。这次合作实现后，以广州为中心，汇集全国的革命力量，反帝反封建的国民革命运动迅速开展起来。

当时蒋介石在上海交易所里充当经纪人，做投机买卖。因投机买卖失利，于 1922 年跑到广东投靠孙中山，孙中山派他去苏联做短期军事考察。回国后，蒋介石高唱“左”倾调子，骗取孙中山的信任，窃取了黄埔军校校长和国民革命军第一军军长职务。廖仲恺案发生后，国民党右派胡汉民因有重大嫌疑被迫离开广东，和胡汉民相勾结的粤军首领许崇智被缴械。蒋介石一跃成为广东最大的实力派，当上了国民革命军的军事总监。并在黄埔军校中竭力培植私人势力，准备反革命力量。

为了扩张实力，排除共产党在军队中的力量，篡夺军权，1926 年 3 月 18 日，蒋介石指使孙文主义学会分子欧阳格，以黄埔军校驻省办事处的名义，命令海军局代理局长，共产党员李之龙调派中山舰到黄埔候用。当中山舰奉命抵达黄埔后，他们却声称无调舰命令，要中山舰返回广州。同时散布谣言，说中山舰“无故升火达旦是扰乱政府之举”，诬蔑共产党要阴谋暴动。3 月 20 日凌晨，蒋介石以此为借口，调动军队宣布戒严，断绝广州市内外交通，逮捕李之龙，占领了中山舰和海军局，包围了省港罢工委员会和苏联顾问办事处及住所，收缴工人纠察队枪支。并拘捕了黄埔军校和国民革命军第一军中的共产党员四十多人。随后又解散了黄埔军校中的革命军人团体——青年军人联合会。强迫共产党员退出第一军，篡夺了第一军的全部领导权。中山舰事件是以蒋介石为代表的右派势力进行反革命夺权的信号。

“三二〇”阴谋事件得逞，使蒋介石的反革命活动变本加厉了。5 月 15 日，蒋介石又在国民党的二届二中全会上提出了限制共产党，篡夺国民党党权的《整理党务案》。其内容有：共产党员在国民党各高级党部中的人数不得超过委员的三分之一；加入国民党的共产党员不得担任国民党中央各部部长；共产党须将加入国民党的共产党员名册交给国民党中央保存，共产国际对中国共产党的指示和共产党对国民党中共产党员的指示，均须交国共两党联席会议讨论通过等。

蒋介石的阴谋活动，引起中国共产党人的极大愤怒。中山舰事件发生后，毛泽东等就主张以叶挺独立团为主，发动工农群众，联合国民党左派和一切可能联合的力量，给蒋介石以坚决回击。但是，陈独秀、张国焘等唯恐因此破坏了统一战线，主张妥协退让，“整理党务案”提出后，陈独秀又拒绝毛泽东等人的正确意见，认为既然要联合，就应当自己退让，才有利于两党团结。并致书国民党中央和蒋介石，说“整理党务案”是“贵党内部问题”，“他党均无权赞否”，表示“欣然接受”。出席国民党二届二中全会的中共党团负责人张国焘在会议讨论意见不一致的情况下，按照他同陈独秀商定的让步方针，要大家签字接受。从此，担任国民党中央部长的共产党员全部辞职，以蒋介石为首的右派分子当上了国民党中央执行委员会主席和国民党中央党部的各部部长。随后，蒋介石又通过国民党中央任命自己为国民革命军总司令。按总司令部组织大纲规定，出征动员令下达后，凡国民政府所属军、政、民、财各机关均须受总司令指挥。于是，蒋介石垄断了党政军财一切大权。

但是，这时的蒋介石还不敢公开反共，还要利用共产党和工农力量窃取革命果实。因此，他继续一面在口头上答应继续联俄联共，一面扩张自己的势力，伺机发动反革命政变。

统一战线内部阶级斗争的尖锐化，要求中国共产党人对中国革命的一系列基本问题做出明确回答。五卅运动前后，邓中夏、蔡和森、瞿秋白、刘少奇、周恩来、恽代英等中国共产党人连续发表文章，探索中国革命的基本问题。毛泽东集中了全党的智慧，于1926年3月发表了《中国社会各阶级的分析》一文。文章在深刻分析中国社会各阶级经济地位和政治态度的基础上，指明了中国无产阶级是先进生产力的代表，虽然人数不多，但是集中，经济地位低下，受帝国主义和封建势力的极残酷待遇，他们特别能战斗，一切半无产阶级、小资产阶级是无产阶级最接近的朋友。特别是绝大部分半自耕农和贫农，是农村中一个数量极大的基本群众，是无产阶级的可靠同盟军。中国的资产阶级分为两个部分，其中民族资产阶级具有两面性，当其受外资打击、军阀压迫感觉痛苦时，需要革命。当革命在国内有无产阶级勇猛参加，国外有国际无产阶级积极援助时，又害怕革命。因此它不能领导革命。大资产阶级是国际资本的附庸，他们和地主阶级都代表中国最落后和最反动的生产关系，是中国革命的敌人。中国革命的前途，只能是在无产阶级领导下走社会主义道路，资产阶级要在中国建立资产阶级专政是完全行不通的。毛泽东的这篇文章和同时期发表的其他文章，提出了新民主主义革命的基本思想，为中国革命指明了方向。

国共合作后，反帝反封建的工农运动蓬勃发展，国民革命运动高潮迅速到来。1925 年，国民政府在广州成立。国民政府整编国民革命军，统一了广东革命根据地。1926 年，国民政府决定北伐，消灭帝国主义支持的北洋军阀吴佩孚、孙传芳和张作霖三派势力。北伐军势如破竹，很快歼灭吴佩孚、孙传芳部主力。革命势力发展到长江流域。1927 年初，国民政府由广州迁往武汉。

北伐胜利进军动摇了帝国主义统治中国的根基。列强开始寻找新的代理人，他们看中国民党右派蒋介石。在国内外反动势力支持下，蒋介石于 1927 年 4 月 12 日在上海发动反革命政变，大肆捕杀共产党员和革命群众。18 日，蒋介石在南京建立“国民政府”，与汪精卫任主席的武汉国民政府相对抗。

在革命紧要关头，陈独秀坚持右倾错误，限制工农运动，放弃革命领导权，试图以退让拉住汪精卫。在这种情况下，汪精卫加快了“分共”的步伐。7 月 15 日，汪精卫控制下的武汉国民政府，不顾宋庆龄等为代表的国民党左派的反对，悍然举行分共会议，公开叛变革命，大批共产党员和革命群众被逮捕和屠杀。至此，国共两党的第一次合作彻底破裂，轰轰烈烈的国民革命陷于失败。革命暂时转入低潮。不久，宁汉合流。

国民革命失败的主要原因：

客观上，一是由于当时帝国主义和国内地主、军阀、买办资产阶级等反动力量大大超过了革命力量；二是由于同盟者国民党内部的右派集团叛变了革命；三是由于国民革命后期共产国际指导上的错误。

主观上，由于当时的中国共产党尚处于幼年时期，政治上很不成熟，特别是国民革命后期，陈独秀右倾机会主义在中国共产党的领导机关内占据统治地位，放弃了对统一战线的领导权，尤其是放弃了对武装力量的领导权，致使国民革命遭到失败。

国民革命运动是中国近代史上前所未有的革命风暴。它基本上推翻了北洋军阀的反动统治，参加人数之广，对中国社会震撼之强，前所未有，沉重地打击了帝国主义在华势力和本国的封建势力；宣传了中国共产党的反帝反封建的革命纲领，扩大了中国共产党的影响，中国共产党开始掌握一部分军队，人民群众受到了革命的锻炼和洗礼。这些成为中国革命继续前进的新起点。

（五）工农武装割据

1927 年大革命失败后，国内政治局势急剧逆转，原来生机勃勃的中国南部一片腥风血雨。蒋介石在南京建立政权后，经过一系列新军阀混战，建立起在全国范围内的统治。这个政权对外实行反苏、亲美的政策，对内竭力维护官僚买办资产阶级和封建地主阶级的利益，限制和压制民族资本主义的发展，残酷地镇压、屠杀共产党人和革命群众。因此，它仍然是一个代表大地主大资产阶级利益的独裁专制政权。

国民党实行“清党”（清除政权中的共产党员）和屠杀政策，白色恐怖笼罩着全国城乡。共产党的组织遭到严重破坏，大批共产党员被屠杀，共产党内不坚定的分子纷纷脱党甚至成为叛徒。大革命期间共产党培养的力量也遭到致命的打击。工会会员由 300 万人减至 3 万人。农会组织被打散，曾经拥有 1000 万会员的农民协会基本解体，农会组织不复存在。民族资产阶级退出革命营垒。

只有坚定的工人、农民和小资产阶级在中国共产党的领导下继续坚持革命斗争。从全国来看，反革命力量大大超过了有组织的革命力量。面对血雨腥风充斥全国的危难局面，中国共产党的认识也在提高。中国共产党从国民革命失败的惨痛教训中认识到掌握军队的重要性，要继续进行反帝反封建的民主革命，首先必须直接反抗国民党的反动统治。“中国共产党和中国人民并没有被吓倒，被征服，被杀绝。他们从地上爬起来，揩干净身上的血迹，掩埋好同伴的尸首，他们又继续战斗了。”中共中央决定将当时共产党掌握的武装力量集中到敌人兵力比较薄弱的南昌附近，以便发动起义。

1. 南昌起义

1927 年 8 月 1 日，以周恩来为书记的前敌委员会及贺龙、叶挺、朱德、刘伯承等人，率领党掌握或影响下的北伐军两万多人在南昌举行起义。10 月初，起义军在南下广东途中遭到失败。保存下来的部队，一部分转移到广东海陆丰地区同当地农民武装汇合，另一部分在朱德、陈毅率领下转入湘南。南昌起义打响了武装反抗国民党反动派的第一枪，给蒋介石国民政府的屠杀政策以英勇的反击，标志着中国共产党独立地领导革命战争、创建人民军队和武装夺取政权的开始。8 月 1 日成为中国人民解放军的建军节。

2. 八七会议

为彻底清算并纠正党在过去工作中的严重错误，决定新的方针，中共中央于 8 月 7 日在汉口秘密召开紧急会议，即著名的八七会议。会议彻底清算了大革命后期陈独秀右倾机会主义错误，确定了土地革命和武装起义的方针，并选出以瞿秋白为首的中央临时政治局。八七会议在革命的危机关头，反对和纠正政治上的右倾机会主义，使党前进了一大步，给正处在思想混乱和组织涣散中的党指明出路，为挽救党和革命做出了巨大贡献。这是由大革命失败到土地革命战争兴起的一个历史转折点。

3. 秋收起义

八七会议后，毛泽东作为中央特派员到湖南改组省委并领导湘赣边界秋收起义。起义于 9 月 9 日发动。在进攻长沙受挫后，以毛泽东为书记的前敌委员会当机立断，改变原定部署，决定到敌人控制比较薄弱的山区寻求立足地。由进攻大城市到转向敌人力量薄弱的山区，这是中国革命史上具有决定意义的新起点。向井冈山进军，改变了中国革命发展的方向和面貌，成为革命力量和红色政权发展的里程碑。随后进行著名的三湾改编，确立了党对军队的绝对领导。三湾改编保证了军队的无产阶级性质，从政治上、组织上奠定了新型人民军队的基础。

到 1928 年年初，中国共产党先后发动近百次武装起义。这些起义有一部分很快失败了。它们的失败证明：在中国当时的情况下，要通过城市武装暴动或攻占大城市来夺取革命胜利是行不通的。一些坚持下来的起义军，大多活动在位于数省边界、距离国民党统治的中心城市较远的偏僻农村地区，这就为后来红军和革命根据地的发展奠定了初步基础。

南昌起义、秋收起义等开创了中国共产党独立领导武装斗争并夺取政权的新局面；为中国革命创建人民军队，从城市转入农村，建立农村革命根据地揭开了序幕。

4. 井冈星火

井冈山地处湘赣边界的罗霄山脉中段，地势险要，易守难攻。毛泽东率领秋收起义部队到达这里后，抓住统治阶级内部矛盾激化的时机，粉碎了国民党军队的“进剿”，开辟了井冈山革命根据地，并全力进行党、军队和政权的建设，点燃了“工农武装割据”的星星之火。井冈山根据地是土地革命战争时期中国共产党独立创建的第一块农村革命根据地。井冈山根据地的斗争和实践，在探索中国革命发展的客观规律，走出符合国情的革命道路方面，做出了突出贡献。

5. 朱毛会师

朱德、陈毅率部分南昌起义保留下来的部队和当地农民举行湘南起义后，向井冈山转移，于1928 年 4 月下旬同毛泽东率领的部队会师，合编为工农红军第四军，毛泽东任党代表和军委书记，朱德任军长。

6. “工农武装割据”思想

井冈山的道路是正确的道路，但是并不是一

开始就为全党所认识的。红军中的一些人对于处在白色恐怖包围之中，小块红色政权的存在和发展缺乏信心，认为革命形势“未可乐观”，前途“渺茫得很”，提出了“红旗到底打得多久”的疑问。毛泽东及时总结井冈山斗争的经验，相继写了《中国的红色政权为什么能够存在》、《井冈山的斗争》和《星星之火，可以燎原》三篇文章。这三篇文章从理论上说明了中国革命采取建立农村革命根据地，以农村包围城市，最后夺取城市这样一条道路，是由中国的特殊国情决定的。

第一，由于中国是帝国主义间接统治的半殖民地国家，政治经济发展极不平衡，这就使红色区域能够在白色恐怖的包围中发生和坚持下来，并且日益发展。

第二，第一次国内革命战争在广大人民群众中产生深刻影响，为革命军队和政权的建立准备了良好的群众条件。

第三，全国革命形势是继续向前发展的，中国红色政权也必然会继续发展。

第四，相当力量的正式红军的存在，是造成工农武装割据的必要条件。

第五，中国共产党的正确领导，是红色政权

存在的重要条件。毛泽东认为，红色政权的存在和发展，必须包含三个方面的内容，即在中国共产党的领导下，把武装斗争、土地革命和根据地建设三者结合起来。这就是毛泽东的“工农武装割据”思想。它是把马克思主义普遍真理同中国革命具体实践相结合的光辉典范。

7. 星火燎原

到1930年夏，全国已有十几块农村根据地，红军发展到约7万人，连同地方武装共约10万人。革命根据地的发展推动了土地革命的开展。红军所到之处燃起了武装斗争的熊熊烈火，呈现出一派“分田分地真忙”的革命景象。井冈山的星星之火逐渐发展成为燎原之势。

为什么说农村包围城市道路是中国特色民主革命的胜利之路呢？

（1）中国是一个半殖民地半封建的国家，内无民主，外无民族独立，无议会可以利用，无组织工人罢工的合法权利。在中国，主要的斗争形式是战争，是以武装的革命反对武装的反革命。主要的组织形式是军队。毛泽东指出，以农业为主要经济的中国革命，以军事发展暴动，是一种特征。

(2) 中国革命的中心内容是解决农民的土地问题。在中国，农民占全国人口的80%以上，农民是民主革命的主力军。资产阶级民主革命在中国实际上是农民革命，军队实际上是穿起军装的农民。因此，无产阶级要夺取革命的胜利，就必须派遣自己的先锋队深入农村，发动农民和武装农民，领导农民开展土地革命，建立农村革命根据地，这是夺取全国革命胜利的关键。

(3) 由于中国革命的不平衡性、曲折性和长期性，强大的敌人总是长期地占据着中心城市，而广大农村地区则是他们统治薄弱的环节。因此，无产阶级为了避免在力量不足时与敌人决战，就必须把工作重点放在农村，建立农村革命根据地，把农村建成军事上、政治上、经济上、文化上的革命阵地，以农村包围城市夺取全国革命的胜利。

8. 红军长征

瞿秋白"左"倾盲动错误和李立三"左"倾冒险错误在实际工作中得以纠正后，党的各项工作重点又得到了恢复和发展。但是共产国际对中共中央新领导人不满，于是又派代表到中国主持召开中共六届四中全会，公开扶持教条主义者王明上台，以王明为代表的“左”倾教条主义错误给中国革命带来了惨重失败。1933 年 9 月，蒋介石集中 100 万军队、200 架飞机，自任总司令，在德、意、美等帝国主义国家军事顾问的参与下，向革命根据地发动了规模空前的第五次“围剿”，动用 50 万兵力分兵四路进攻中央根据地。“左”倾教条主义者却提出“御敌于国门之外”和“全线出击”的冒险政策，结果陷入敌人堡垒之间，犯了防御中的保守主义错误，完全处于被动挨打的地位。1934 年 1 月，六届五中全会召开，“左”倾错误发展到顶点。4 月，国民党集中兵力进攻广昌，毛泽东的正确意见不被“左”倾教条主义者所采纳，结果广昌失守，中央根据地丢失大部。至此，打破“围剿”的希望最后破灭了。

1934 年 10 月初，粉碎敌人第五次军事“围剿”的目标无法实现，红军陷入敌人的层层包围，被迫实行战略转移。10 月 10 日，中央机关和红一方面军八万多人，分别从福建西部的长汀、宁化和江西瑞金、于都出发，实行战略大转移。长征前，“左”倾指挥者既不做思想动员，又不做战略转移的组织准备，长征开始后又搞“大搬家”式的缓慢行动，实行退却中的逃跑主义，形势十分不利。国民党军以 16 个师的重兵布置了四道封锁线，分别堵截。红军将士英勇奋战，最终于 12 月初突破了这四道封锁线，但也付出了惨重代价，兵力锐减至 3 万余人。这时，敌人又调重兵围堵，妄图将红军消灭在转移湘西的途中。党和红军到了生死存亡的危机时刻。经过激烈斗争，博古、李德终于接受了毛泽东关于转向的正确主张。于是，红军经湖南转道，向敌人力量薄弱的贵州前进，直取遵义。

为了挽救工农红军和中国革命，1935 年 1 月 15 日至 17 日，中共中央政治局于遵义召开扩大会议。经过激烈争论，会议最终通过了《中央关于反对敌人五次“围剿”的总结的决议》，决议肯定了毛泽东关于红军作战的基本原则。会议在组织上作了必要的调整，选举毛泽东为中央政治局常委；取消了博古、李德的最高军事指挥权，成立毛泽东、周恩来、王稼祥组成的三人军事指挥小组，全权负责军事行动。遵义会议结束了王明“左”倾教条主义在中共中央的统治，确立了毛泽东在党和红军中的领导地位，初步形成了以毛泽东为核心的党的第一代中央领导集体，是中国共产党历史上生死攸关的转折点，标志着中国共产党开始走向成熟。

面对敌人的围追堵截，以及恶劣的自然环境，中央红军强渡大渡河，飞夺泸定桥，翻越终年积雪的夹金山。1935 年 6 月，中央红军一部与红四方面军在达维镇会师。6 月 18 日，中共中央与中央红军主力到达懋功地区。1936 年，红二、六军团与红四方面军会师，随后中央指令红二、六军团组成红二方面军。1936 年 10 月，红一、二、四方面军在甘肃会宁胜利会师。

三大主力红军的会师，标志着长征的胜利结束。长征的胜利是在遵义会议确立的以毛泽东为核心的党的第一代中央领导集体的正确领导下取得的，是中国革命转危为安的关键，也开创了中国革命的新局面。

（六）共同抗日

民族危机的加深，使国民党政府内部发生了分化。1936 年 12 月 12 日，张学良、杨虎城发动西安事变，扣留了在西安督促“剿共”的蒋介石及多名国民党军政要员，并通电全国，呼吁停止内战，一致抗日。中国共产党认真分析国内外复杂的形势，认为在日本帝国主义加紧侵略中国的危急形势下，应把国家和民族利益放在第一位，确定了逼蒋抗日、和平解决西安事变的方针。12 月 25 日，西安事变和平解决，为抗日民族统一战线的建立和全民族抗日局面的形成打下了重要的基础。

1937 年 7 月 7 日，日本制造了卢沟桥事变，这是日本帝国主义全面侵华战争的开始，也是中国全面抗战的开始。在中国面临亡国灭种的危急关头，卢沟桥事变的第二日，中国共产党中央委员会就向全国发表了号召抗战的宣言："武装保卫平津华北！为保卫国土流最后一滴血！全中国人民、政府和军队团结起来，筑成民族统一战线的坚固长城，抵抗日寇的侵略！国共两党亲密合作抵抗日寇的新进攻！驱逐日寇出中国！"

抗日战争期间，国共两党再一次进行合作，联合抗日。1937 年 9 月 22 日，国民党中央通讯社发表了《中国共产党为公布国共合作宣言》，《宣言》提出了抗日的三项基本主张：

1. 争取中华民族之独立自由与解放；

2. 实现民权政治，召开国民大会，以制定宪法与规定救国方针；

3. 实现中国人民之幸福与愉快的生活。

第二天，蒋介石发表讲话，事实上承认了中国共产党的合法地位。这标志着国共第二次合作的实现和抗日民族统一战线的正式建立。红军改编为八路军和新四军，开赴抗日前线。在抗战中，既存在着以国民党为主导的正面战场，也存在着以中国共产党为主导的敌后战场。两个战场相互配合，有力地遏制了侵华日军的步伐。

中国共产党坚持敌后游击战。1937 年 9 月，八路军 115 师在山西平型关伏击日军，歼敌 1000 余人，取得了八路军出师抗战以来的第一次大捷，沉重打击了日军的嚣张气焰，鼓舞了全国军民的抗战信心，提高了中国共产党和八路军的威望。为了持久抗战，八路军、新四军积极深入敌后，开辟敌后抗日根据地。

日军占领平津以后，继续向华北和华中发动攻击，妄图三个月内灭亡中国。国民政府在正面战场组织淞沪会战、太原会战、徐州会战、武汉会战等多次重大战役，广大军民英勇抵抗日军侵略。

1940 年，彭德怀指挥八路军一百多个团，对日军发动大规模袭击。“百团大战”重创日军的据点、交通线，歼灭日伪军 4 万余人，增强了全国军民抗战胜利的信心。

1941年12月，日本偷袭珍珠港的美国太平洋舰队，太平洋战争爆发。看到美国和英国与日本开战，蒋介石开始保存实力，消极抗战。敌后战场逐渐成为主要战场。日军对敌后抗日根据地频繁“扫荡”，实行残暴的“三光”政策。中国共产党积极发动群众，领导敌后军民多次粉碎了日军的“扫荡”，为抗战的胜利做出了卓越的贡献。

1945年8月15日，日本宣布无条件投降，持续八年之久的抗日战争以中国的胜利而告结束。抗日战争是百年来中国第一次取得完全胜利的反侵略战争，为世界反法西斯战争的胜利做出了重大贡献，是世界反法西斯战争的重要组成部分。

但就在抗战胜利前后，一场围绕着战后如何建设国家的问题，民主与专制、和平与内战、联合政府与一党独裁的两种命运和前途的斗争即将开始。

（七）建国大业

抗战胜利后，国共两党分别提出了自己的建国方针。国民党同意召开国民大会，还政于民，但提出实现宪政要有先决条件：国民政府的“法统”不致紊乱，“军令政令”必须统一。先军队国家化，再政治民主化。由于国民党处于执政地位，这一政策的实质是维护国民党大权独揽的旧体制。

中国共产党坚持抗战胜利前夕召开的“七大”确立的“废止国民党一党专政、成立联合政府”的方针，并提出新时期的任务是“巩固国内团结，保证国内和平，实现民主，改善民生，以便在和平民主团结的基础上，实现全国的统一，建设独立自由富强的新中国”。

国民党反动派打着“和平建国”的旗号，鼓吹“国家统一”的论调，1945 年 9 月 4 日，蒋介石在《庆祝抗战胜利时全国同胞广播词》中，声言“军令政令统一为国家存亡所系的命脉”。1946 年元旦，蒋介石在《告全国同胞书》中，再次声明：我们对于国家政事，无不可以虚心忍让，无不可以推诚相与，而军令政令必须统一，军队必须归国家统辖，任何割据地盘，破坏交通，阻碍复原的军事行动必须绝对避免，则是解决目前纷争不安的唯一先决条件。他的所谓“军令政令的统一”，就要吞并共产党领导的人民军队和解放区。

在这一反动方针的指导下，国民党中央在

1945年8月12日拟定的针对延安总部发布命令，限令敌伪缴械投降的对策中，竟把中国共产党诬蔑为“奸伪”，提出“对共产党态度应及时改变，在此期间，应以争取主动为最有利，应予打击者打击之，不可再事迁就与过于顾忌”。

在复杂的国际形势下，中国进入两种命运两个前途大决战的历史紧要关头，毛泽东于1945年8月13日，在延安干部会议上作了《抗日战争胜利后的时局和我们的方针》的重要报告，及时地给全国人民指明了前进的方向。

报告深刻地分析了抗日战争胜利后的国内政治形势，阐明了国内斗争的实质，提出了党在新时期的战略任务。指出：“从整个形势看来，抗日战争阶段过去了，新的情况和任务是国内斗争。蒋介石说要‘建国’，今后就是建什么国的斗争。”是建立一个无产阶级领导的人民大众的新民主主义国家，还是建立一个大地主大资产阶级专政的国家。这将是一场很复杂的斗争。目前这个斗争的具体表现，就是蒋介石要篡夺抗战胜利果实和我们反对他篡夺胜利果实的斗争。共产党必须力争，决不能把人民应得的胜利果实自愿地送给蒋介石，否则，就是机会主义。

报告深刻地揭露了蒋介石国民党的本质，提出了针锋相对和自力更生的方针。指出中国大地主大资产阶级政治代表蒋介石，“是要坚持独裁内战”，“对人民是寸权必夺，寸利必得”。我们的方针是“针锋相对，寸土必争”，对于国民党反动派准备发动内战的阴谋保持高度的警惕，并作好充分准备。报告指出，我党方针的基点是自力更生，放手发动群众，壮大人民力量，依靠自己组织的力量，打败一切反动派。

毛泽东的报告，在历史的转折关头，武装了全党全军和全国民众，制定了党在新的历史条件下正确的斗争方针和策略，揭露了蒋介石准备发动内战的阴谋，对保卫抗日战争胜利果实和夺取全国革命胜利，起了极大的指导作用，1945 年 8 月 28 日，毛泽东与周恩来等人从延安飞抵重庆，与国民党政府进行谈判。经过 43 天的商谈，双方于 10 月 10 日签署了《政府与中共代表会谈纪要》，即“双十协定”，确立了和平民主建国的方针。根据协定中国各党派代表和无党派人士参加的政治协商会议于 1946 年 1 月 10 日在重庆举行。会议围绕政府组织、施政纲领、国民大会、军事问题、宪法草案 5 个问题进行讨论，再一次确认了避免内战、和平建国的方针和政治民主化、军队国家化、各党派平等合作的和平建国的途径。

政治协商会议结束后，国民党继续坚持一党专制独裁的方针，先后制造了一系列迫害民主人士的惨案，暗杀著名民主人士闻一多等人，破坏政协决议。国民党六届二中全会公然推翻了政协通过的和平民主建国的决议。

中国共产党为实现民主和平作了积极的努力，得到了各民主党派的支持。但国民党执意破坏政协决议，加紧内战部署，全面内战一触即发。

1946 年 6 月底，蒋介石调集重兵进攻中原解放区，全国规模的内战爆发。中国共产党领导解放区军民奋起反击，经过 8 个月的作战，解放军共歼敌 71 万余人。国民党军队虽然占领了一些城市，但付出了巨大代价。至 1947 年 2 月，国民党的全面进攻不得不停止。

全面进攻失败后，蒋介石改变策略，重点进攻陕北与山东解放区。中国共产党采取避敌主力、诱敌深入，然后集中优势兵力各个击破的方针，粉碎了国民党军队的重点进攻。

到 1948 年秋，解放军的力量已超过国民党军，进行战略决战的时机已经成熟。从 1948 年 9

月至1949年1月，解放军相继取得辽沈、淮海和平津三大战役的胜利，歼灭国民党军队主力一百五十多万人。

战场上的大溃败，迫使蒋介石在1949年元旦发出“求和”声明。针对这种情况，毛泽东在新年献词中号召人民将革命进行到底。但为迅速结束战争，减少人民痛苦，中国共产党提出了和平谈判的条件。4月，国共两党代表在北平举行谈判，双方达成《国内和平协定》最后修正案。但南京国民政府拒绝在协定上签字，和谈破裂。

4月21日，毛泽东主席、朱德总司令发布向全国进军的命令。人民解放军迎着敌人的炮火，千帆竞发，横渡长江。国民党军队的长江防线顷刻土崩瓦解。23日，解放军占领南京，统治中国22年的国民政府覆灭。接着，人民解放军向全国进军，追歼国民党残余军队。新民主主义革命取得了基本胜利。

四、东方巨人

（一）新中国成立时的国际国内条件

新中国成立时，正值世界“冷战”局面开始不久。它是在半殖民地半封建社会的基础上，经人民大革命的洗礼而诞生的。这些也就是新中国成立时所面对的国际国内基本条件。具体表现在：

1. 世界社会主义阵营形成

世界反法西斯战争结束之后，苏联只用几年

的时间就迅速恢复了被战争严重破坏的国民经济，国力更加强大。而在东欧和亚洲，出现一系列人民民主国家。

世界被压迫民族的解放运动也蓬勃兴起。苏联和各人民民主国家组成了一个可以同帝国主义抗衡社会主义阵营。民族解放运动的发展，社会主义阵营的形成，为中国革命的最后胜利和新中国的巩固和发展，提供了有利的国际环境。

2. 世界“冷战”局面开始出现，美国采取敌视新中国的政策

第二次世界大战后不久，由于在全球战略中的利害冲突，曾是反法西斯盟友的美苏两国，关系迅速恶化。1946 年 3 月，第二次世界大战期间的英国首相丘吉尔在美国富尔敦城发表演说，攻击苏联扯起了“横贯欧洲大陆的铁幕”，号召讲英语的民族团结一致，共同对抗苏联。这个讲话吹响了战后“冷战”的前奏曲。一周后，斯大林发表谈话，指责丘吉尔的方针“是进行战争的方针”。一年后，美国总统杜鲁门在国会宣读咨文，声称美国要领导“自由世界”抵制“极权政体”国家的侵犯。这标志着美苏战时同盟关系的正式破裂和世界“冷战”局面的正式形成。这种局面对中国的影响是巨大的。

为了把中国变成美国的附庸，从抗日战争末期开始，美国就采取了扶蒋反共的政策。随后，出钱出枪，援助国民党大打内战。当人民解放战争即将取得全国胜利时，美国虽然决定从中国内战中脱身，但拒绝承认新中国，并力图拼凑反新中国的共同阵线，以使新中国在世界上陷于完全孤立的境地。美国对新中国长期坚持执行政治上孤立、军事上包围、经济上封锁的政策。

3. 脱胎于半殖民地半封建社会，经济文化极其落后

从 1840 年鸦片战争后，中国一步一步地沦为半殖民地半封建社会。外国侵略者通过索取战争赔款、倾销商品、掠夺原料、投资设厂、把持海关以至明火执仗地抢夺等各种手段，疯狂榨取中国的财富，压制中国民族经济的发展。国内反动势力顽固维护封建剥削制度，并且你争我夺，混战不已，又给社会经济造成严重的破坏。这两个方面结合在一起，使中国社会的生产力不能得到正常发展，经济、文化呈现极端落后的状态。

抗日战争爆发前夕，是旧中国经济发展的顶峰。此后经过连续十余年的战争，已经十分落后的经济又遭到严重破坏。新中国成立的当年，全国人口为5.4亿，按人均计算，每人占有的重工业产品数量是非常微小的，棉布、粮食、棉花三项，也只有3.5米、200公斤、0.8公斤。机械工业几乎等于零，飞机、汽车、拖拉机、大型机械均不能制造。文化教育同样落后，全国平均每万人中有大学生2.2人。全国文盲占人口总数的80%。全国医院病床数为8万张，平均每万人占有1.5张，而农村则每10万人才占有3.2张。

旧社会留下的一穷二白状况，使新中国面临着比苏联和东欧各国革命胜利后更为艰巨的发展经济和文化的任务。

4. 经过人民大革命，形成全国空前的团结

中国各族人民的大团结，是中国革命胜利的基础；革命的胜利，又进一步增强了这种大团结。中国人民的大团结，有着共同的政治目标和思想基础，这就是彻底打倒帝国主义、封建主义、官僚资本主义在中国的统治，建设一个独立、自由、民主、统一、富强的新中国。这个大团结，包括广大工人阶级、农民阶级、城市小资产阶级、民族资产阶级和一切爱国民主人士，包括各个民族，

包括基本代表民族资产阶级和城市小资产阶级的所有民主党派，范围十分广泛。这个大团结，有久经考验的、政治上思想上完全成熟的中国共产党作为领导核心。这个大团结中的各个阶级和阶层，都以极为喜悦的心情迎接新中国的诞生，并都愿为建设新中国贡献自己的力量。广大工农群众欣喜自己成为新国家、新社会的主人，革命和生产热情空前高涨。青年学生和知识分子踊跃参加革命工作。一些人正在换脑筋，许多人要求重新学习，以适应变化了的情况。整个中国大地呈现出一派热气腾腾的景象。这是新中国成立的最重要的政治基础和思想条件，也是新中国成立后继续取得胜利的基本保证。

（二）中国人民政治协商会议的召开

1948 年 4 月 30 日，中共中央发布纪念“五一”节号召，其中提出，“各民主党派、各人民团体、各社会贤达迅速召开政治协商会议，讨论并实现召集人民代表大会，成立民主联合政府”，由此揭开了筹建新中国的序幕。

1. 中国人民政治协商会议的召开

成立民主联合政府的主张，中国共产党在1944年就提出来了，并得到中国民主同盟等民主力量的响应，但遭到国民党方面的反对。抗战胜利后，中国共产党继续坚持这一主张。在国共重庆谈判中，进一步提出召开“政治协商会议”问题。1946年1月由国民党、共产党、民主同盟、青年党、社会贤达五个方面代表参加的政治协商会议（习惯上称旧政协），达成五项协议，确定了和平建国的方针。但是，国民党统治集团不允许进行有利于人民的改革，不久，便将中国重新推入内战的火海之中。至此，中国共产党不能不放弃与国民党合作建国的主张，不得不等到打退国民党反动派的进攻、革命力量有进一步发展之后，再考虑建立民主联合政府的问题。

到1948年上半年，人民革命取得最后胜利的局势已基本确定。人民解放军早已打到国民党统治区，南部战线从黄河以北推进到了江淮河汉之间的广大中原地区，东北的敌军已被压缩到几个孤立的城市之内。晋察冀和晋冀鲁豫两个解放区已在酝酿合并为一个统一的华北解放区。至1948年6月底统计，解放区的面积和人口已占全国总面积和总人口的24.5%和39%。革命新形势下出现的“左”的错误偏向已被纠正，党的各项政策全部走上了正轨。国民党统治区反对美蒋反动派的第二条战线，在继续不断地开展着斗争。经过实践教育，民主党派和民主人士已逐步放弃对美蒋反动派的幻想，开始否定曾一度大力宣扬的“中间路线”。一些有影响的爱国民主人士主动向中共中央提出尽快成立新的全国政权机构的建议。召开新政协的号召就是在这样的背景下发出的。

中国共产党的号召，很快得到全国的响应。各民主党派、人民团体、各界民主人士及海外侨胞，或联合或单独发表通电、宣言、声明、文告、文章，拥护中共主张，号召全国同胞共策进行，完成大业。从1948年8月起，各民主党派和无党派民主人士开始进入解放区，一部分到达中共中央统战部所在地河北省平山县李家庄，一部分到达中共中央东北局所在地哈尔滨。经过反复协商，11月下旬，中共中央首先同在哈尔滨的民主人士达成了《关于召开新的政治协商会议诸问题》的协议，规定了新政协筹备会和新政协的单位组成及新政协的任务。随后不久，又重新确定了新政协的使命，把原来“讨论并实现召集人民代表大会，成立民主联合政府”，发展为直接宣告人民共和国的成立，组成共和国的中央政府。这是因为新政协本身，即带有人民代表大会的性质，即可行使人民代表大会的职权。

1949 年 1 月北平解放后，进入东北、华北解放区和继续由香港等地北上的民主人士很快汇集到了北平。3 月，中共中央在开完七届二中全会后，也迁入北平。

新中国成立前的一年时间中，全国各界人民团体纷纷建立。1948 年 8 月，经过第六次全国劳动大会，恢复了中华全国总工会。1949 年 3 月，成立中华全国学生联合会、中华全国妇女联合会。4 月，成立中国新民主主义青年团。5 月，成立中华全国民主青年联合会。7 月，成立中华全国文学艺术界联合会。此外，自然科学工作者、社会科学工作者、教育工作者等也筹备召开代表会议，工商业者准备成立工商业联合会。这些群众团体和筹备机构，都成为新政协的参加单位。

1949 年 6 月 15 日，新政协筹备会在北平成立，由 23 个单位、134 人参加。毛泽东被推为筹备会常务委员会主任，周恩来、李济深、沈钧儒、郭沫若、陈叔通为副主任，李维汉为秘书长。下设六个小组，分别负责拟定参加新政协之单位及各单位之代表名单，起草新政协组织条例，起草共同纲领，拟定政府方案，起草大会宣言，拟定国旗、国歌、国徽方案六项筹备工作。

关于参加单位和代表人选，经过多方协商，再三斟酌，历时三个月，才最后确定下来。单位共有五类：党派、区域、军队、团体、特邀。前四类的单位共45个，正式代表510人，候补代表77人；第五类代表75人。总计正式和候补代表共662人。其中共产党员约占44%，工农各界、无党派人士约占26%，民主党派成员约占30%。党派类中有：中国共产党、中国国民党革命委员会、中国民主同盟、无党派民主人士、中国民主建国会、中国民主促进会、中国农工民主党、中国人民救国会、三民主义同志联合会、中国国民党民主促进会、中国致公党、九三学社、台湾民主自治同盟、中国新民主主义青年团。特邀类以宋庆龄为首席代表，其中包括有清末翰林，老同盟会会员，原北洋政府官员，南京政府和谈代表，国民党军起义将领，老解放区民主人士，教育界、艺术界、少数民族知名人士，工农劳动模范和英雄人物等。

政协筹备会议期间，正式确定了新中国的国名和政协会议的名称。最后确定国名为“中华人民共和国”。关于政协会议的名称，根据筹备会新政协组织条例起草小组的意见，从1949年8月，开始称作中国人民政治协商会议。9月17日，筹备会第二次全体会议正式作出采用新的政协名称的决定。

1949年9月21日至30日，中国人民政治协商会议第一届全体会议在北平召开。毛泽东在会议开幕词中庄严宣告：“占人类总数四分之一的中国人从此站立起来了。”

会议除对《中国人民政治协商会议共同纲领》等几个已经起草完毕的重要文件作进一步审议外，又就国旗、国徽、国歌、纪年、国都问题进行了专门讨论。会前，共征得国旗图案近3000幅，国徽图案900幅，国歌歌词690多首，意见书20多封。经评选委员会的筛选，共确定候选国旗图案38幅、国徽图案5幅，供全体会议选择。国歌词谱，则没有入选者。毛泽东直接参加了这项工作的讨论，他赞成五星红旗的国旗图案，认为这个图案表现了我国革命人民的大团结，而现在和将来都要有这种大团结。

9 月 27 日，会议通过《中华人民共和国中央人民政府组织法》、《中国人民政治协商会议组织法》等。国都定于北平，自即日起，改名北平为北京；采用公元纪年，国歌未正式制定前，以《义勇军进行曲》为代国歌；国旗为五星红旗，象征中国革命人民大团结。29 日，通过《中国人民政治协商会议共同纲领》。

9 月 30 日，会议选举毛泽东等 180 人为政协第一届全国委员会委员（10 月 9 日毛泽东当选为主席）；毛泽东等 63 人为中央人民政府委员会委员，毛泽东为主席，朱德、刘少奇、宋庆龄、李济深、张澜、高岗为副主席。至此，筹建新中国的伟大使命宣告完成。下午 6 时，全体代表在天安门广场举行了人民英雄纪念碑奠基典礼。

2.《中国人民政治协商会议共同纲领》

制定政治协商会议共同纲领，以作为新中国各项工作和全国人民行动的准则，是建国筹备工作的主要任务之一。中共中央在发起召开新政协之时，就提出了制定共同纲领问题。随着革命形势的发展变化，共同纲领曾几次起稿和命名。第一次初稿是中共中央于1948年10月提出的，称“中国人民民主革命纲领初稿”。这个初稿的侧重点是在“人民民主革命”方面，但也初步规定了新中国应该实行的最基本的纲领和政策。1949年6月新政协筹备会成立时，中国革命形势进一步发生变化，革命即将取得全国胜利，工作的重点开始转向新民主主义建设；同时，中国共产党有关建设新民主主义社会的理论也有进一步发展。因此，前一个纲领初稿已不适用，必须根据新形势需要和新的理论观点重新起草。由周恩来担任组长的筹备会第三小组，专门负责起草共同纲领的工作。8月，提出第二次草案初稿，题目为“新民主主义的共同纲领”。随后，由于新政协定名为中国人民政治协商会议，共同纲领也改称《中国人民政治协商会议共同纲领》。又经过多次讨论修改，于9月29日为政协全体会议通过。

共同纲领分序言和七章，总计60条。它是全国人民意志和利益的集中表现，是一百多年来中国革命，特别是新民主主义革命斗争经验的总结，也是新中国在相当长时期内的施政准则。内容主要有三个方面：

第一，关于新中国的性质和任务。

纲领规定："中华人民共和国为新民主主义即人民民主主义的国家，实行工人阶级领导的、以工农联盟为基础的、团结各民主阶级和国内各民族的人民民主专政，反对帝国主义、封建主义和官僚资本主义，为中国的独立、民主、和平、统一和富强而奋斗。""中国人民民主专政是中国工人阶级、农民阶级、小资产阶级、民族资产阶级及其他爱国民主分子的人民民主统一战线的政权。"国家必须取消帝国主义国家在中国的一切特权，没收官僚资本，"发展新民主主义的人民经济，稳步地变农业国为工业国"。

这就表明，在推倒三大敌人统治后建立的新中国，既不是欧美式样的资产阶级专政的国家，也不同于苏联式样的无产阶级专政的国家，因为它以工人阶级为领导、以工农联盟为基础，同时又保留着同民族资产阶级及其他爱国民主分子的联盟。它的基本任务是进行新民主主义建设。这种新民主主义性质的国家制度，是具有中国特色的民主革命斗争的产物，也最适合中国社会发展的需要。

第二，关于新中国的政权制度、军事制度及

经济、文化教育、民族、外交政策的总原则。

政权制度，纲领规定："中华人民共和国的国家政权属于人民。人民行使国家政权的机关为各级人民代表大会和各级人民政府。各级人民代表大会由人民用普选方法产生之。各级人民代表大会选举各级人民政府。"各级政权机关实行民主集中制。在《中华人民共和国中央人民政府组织法》中还规定："中华人民共和国政府是基于民主集中原则的人民代表大会制的政府。"这些规定说明，"基于民主集中原则的人民代表大会制"，是新中国的基本政治制度。

《共同纲领》确定了中国人民政治协商会议的地位，规定：政治协商会议"为人民民主统一战线的组织形式"。"在普选的全国人民代表大会召开以前，由中国人民政治协商会议的全体会议执行全国人民代表大会的职权"；全国人民代表大会召开后，政协仍将长期存在，作为协商国家大政方针的机构。

军事制度，纲领规定："中华人民共和国建立统一的军队，即人民解放军和人民公安部队。"要加强现代化的陆军，建设空军、海军，实行民兵制度。

经济政策，纲领作了15条规定。其中有：“中华人民共和国经济建设的根本方针，是以公私兼顾、劳资两利、城乡互助、内外交流的政策，达到发展生产、繁荣经济之目的。”国家要从多方面“调剂国营经济、合作社经济、农民和手工业者的个体经济、私人资本主义经济和国家资本主义经济，使各种社会经济成分在国营经济领导之下，分工合作，各得其所，以促进整个社会经济的发展”。必须完成旧有土地制度的改革，实现耕者有其田。国营经济为社会主义性质的经济，是整个社会经济的领导力量。合作社经济为半社会主义性质的经济，要扶助其发展，并给以优待。凡有利于国计民生的私营经济事业，应鼓励其经营积极性，并扶助其发展。根据必要与可能，鼓励私人资本向国家资本主义方向发展。所有这些，都是新民主主义建设阶段所必需，因而也是最能促进社会经济发展的政策。

文化教育政策，纲领规定：“中华人民共和国的文化教育为新民主主义的，即民族的、科学的、大众的文化教育。”“提倡爱祖国、爱人民、爱劳动、爱科学、爱护公共财物为中华人民共和国全体国民的公德。”努力发展自然科学、社会科学，“提倡文学艺术为人民服务”。

民族政策，纲领规定：“中华人民共和国境内各民族一律平等。”“各少数民族聚居的地区，应实行民族的区域自治。”“各少数民族均有发展其语言文字、保持或改革其风俗习惯及宗教信仰的自由。”人民政府要帮助各少数民族发展各项建设事业。

对外交政策，纲领规定：“中华人民共和国外交政策的原则，为保障本国独立、自由和领土主权的完整，拥护国际的持久和平和各国人民间的友好合作，反对帝国主义的侵略政策和战争政策。”对旧有的条约和协定，由中央政府加以审查，按其内容，分别予以承认，或废除，或修改，或重订。

第三，关于人民的权利与义务。

人民依法有选举权和被选举权，有思想、言论、出版、集会、结社、通讯、人身、居住、迁徙、宗教信仰及示威游行的自由权。妇女有与男子平等的权利。

凡中华人民共和国国民，均有保卫祖国、遵守法律、遵守劳动纪律、爱护公共财产、应征公役兵役和缴纳赋税的义务。

《共同纲领》是新中国的第一部大宪章，它在一个时期内起着临时宪法的作用。中华人民共和国中央人民政府成立后，立即宣布接受《共同纲领》“为本政府的施政方针”。这个纲领是中国共产党建设新民主主义社会理论的具体体现，又是全体政协代表集体智慧的结晶。它既切合实际又坚定明确，对刚刚诞生的人民共和国的各项工作，都起了规范和指导作用。

（三）开国大典

1949 年 10 月 1 日，中华人民共和国中央人民政府主席毛泽东率全体政府委员在首都北京就职，并主持召开中央人民政府委员会第一次会议。会议一致决议：宣告中华人民共和国中央人民政府成立，接受《中国人民政治协商会议共同纲领》为本政府的施政方针。会议选举林伯渠为中央人民政府委员会秘书长，任命周恩来为中央人民政府政务院总理兼外交部长，毛泽东为中央人民政府人民革命军事委员会主席，朱德为人民解放军总司令，沈钧儒为中央人民政府最高人民法院院长，罗荣桓为中央人民政府最高人民检察署检察长。责成他们从速组成各项政府机关，推行各项政府工作。会议同时决议：向各国政府宣布，本政府为代表中华人民共和国全国人民的唯一合法政府。凡愿遵守平等、互利及互相尊重领土主权等项原则的任何外国政府，本政府均愿与之建立外交关系。

下午3时，在北京天安门广场举行有30万军民参加的开国大典。毛泽东按动电钮，升起第一面五星红旗，庄严宣布：中华人民共和国中央人民政府已于本日成立了，并宣读中央人民政府公告。接着举行阅兵式。朱德检阅陆海空三军，发布人民解放军总部命令，命令人民解放军全体指战员“迅速肃清国民党反动军队的残余，解放一切尚未解放的国土，同时肃清土匪和其他一切反革命匪徒，镇压他们的一切反抗和捣乱行为”。受检阅部队以海军的两个排为前导，步兵师、炮兵师、战车师、骑兵师迈着整齐的步伐通过天安门前。空军14架飞机盘旋在广场的上空。整个阅兵式历时三小时。大典结束后举行了声势浩大的群众游行。

10 月 19 日，中央人民政府委员会任命政务院总理以下各单位负责人和人民革命军事委员会副主席、总参谋长。

至此，中央人民政府的所有机构完全组建起来。当时中央人民政府系统副部长级以上干部包括了中国共产党和各民主党派、各人民团体负责人，各少数民族、海外华侨的代表，知名人士和专家。其中非共产党人士占 1/3 以上，而在中央人民政府副主席、委员，政务院副总理、委员，及一些部委中，非共产党人士占到 1/2 或以上。除沈钧儒担任最高人民法院院长外，在政务院各部委中，有 12 名民主党派负责人和无党派人士担任部长、主任职务。这个高级领导干部的阵容，充分体现了中国共产党领导下的多党合作。

中华人民共和国的成立，开辟了中国历史的新纪元。近代以来饱受欺凌的中华民族，从此站立起来了，半殖民地半封建的中国变成了一个真正独立自主的国家。同时，千百年来由少数剥削者主宰国家、统治人民的历史宣告结束，人民大众成为国家的主人，中国进入了人民民主的新时代。旧中国的历史就是落后挨打的历史，新中国的成立，为彻底扭转这种局面创造了前提。伟大的革命先行者孙中山在 19 世纪末提出的“振兴中华”的口号，这时才具备了实现的可能。

新中国的成立，是 20 世纪世界上发生的最有影响的伟大事件之一。俄国十月革命开辟了世界无产阶级革命的新时代；世界反法西斯战争的胜利，使一系列国家继俄国之后走上社会主义道路；新中国的成立是全世界进步人类的又一个伟大胜利。它把帝国主义的东方战线打开一个大缺口，严重打击了世界殖民体系，大大增强了人民民主和社会主义阵营的力量。这对于改变世界力量格局，维护世界和平和正义事业，推动世界走向进步和光明，具有深刻、久远的影响。由于国情的相似，新中国的诞生对于亚洲、非洲、拉丁美洲广大被压迫民族的影响力尤其巨大，直接推动了他们反对帝国主义和殖民主义斗争的发展。

新中国的诞生证明一条真理：中国必须走自己的路，即把马克思主义的普遍原理同中国的具体实际结合起来，根据中国特有的国情和人民的愿望，去决定中国应该走什么路。西方资产阶级共和国的方案固然在中国行不通，而照搬别国无产阶级革命的经验也不会使中国走向新生。中国革命是沿着中国共产党人所创造的具有中国特色的革命道路取得胜利的。无产阶级领导的、人民大众的、反帝反封建反官僚资本主义的新民主主义革命总路线，先占农村、后占城市、以农村包围城市的革命发展道路，正确处理统一战线、武装斗争、党的建设三方面问题的革命三大法宝，经过新民主主义进入社会主义的革命历程及建设新民主主义共和国的方案等这些中国革命的基本经验，都是中国共产党人在实践斗争中创造出来的。新中国正是这些基本经验凝聚而成的伟大成果。

（四）新中国政权的初步巩固

1. 各级地方人民政权的建立

新中国成立伊始，面临着两方面任务：一是继续完成新民主主义革命的遗留任务，彻底解决中国人民同三大敌人的矛盾；二是动员全国人民努力医治战争创伤，恢复破败不堪的国民经济。通过完成这两方面任务，巩固新生的人民政权，为进行有计划的经济建设创造条件。

为完成这两方面任务，首要工作是将人民革命战争进行到底，解放全国领土，完成祖国统一大业，并随之建立地方各级人民政权。

1949 年 9 月，人民解放军第四野战军和第二野战军第四兵团开始由湖南、江西分三路向华南进军。9 月中旬发起衡（阳）宝（庆）战役，历时一个月，歼敌白崇禧部 4.7 万余人，解放湘西、湘南广大地区，白部大部分退入广西。10 月上旬至 11 月上旬进行广东战役，歼敌余汉谋等部 6.2 万余人，解放除海南岛以外的广东全省。由南京迁至广州的国民党政府首脑李宗仁、阎锡山等逃往重庆。11 月上旬至 12 月中旬进行广西战役，歼敌 17.2 万余人，白崇禧部除万余人逃入越南外，全部被歼，广西全境解放。1950 年 3 月上旬至 5 月初，进行海南岛战役，解放海南岛全境和附近的一些岛屿，歼敌 3 万余人，该地敌军大部逃往台湾。

人民解放军第四野战军开始向华南进军后，第二野战军主力和一野、四野各一部，于 1949 年 11 月初开始向西南进军。11 月中下旬，先后解放贵阳、遵义、重庆。蒋介石和国民党政府逃往成都。12月9日，国民党云南省主席龙云、西康省主席刘文辉宣布起义，云南、西康两省和平解放。12月10日，蒋介石偕国民党政府由成都逃往台湾。12月27日，成都解放。进军西南战役共歼敌90.2万余人，国民党在大陆的最后一支主力胡宗南集团全部覆灭。接着，二野、四野各一部，于1949年12月底至1950年2月中进行了滇南战役，歼敌2.7万余人，解放滇南，少数残敌逃往国外。1950年3月中旬至4月上旬，西南军区部队进行了西昌战役，歼敌1万余人。

与第四野战军向华南进军的同时，第三野战军第10兵团于1949年9月中旬至10月中旬进行了漳厦战役，解放漳州、厦门和福建全省，歼敌4万余人。1950年5月中旬，人民解放军三野一部解放舟山群岛。

从1949年9月中旬至1950年6月，人民解放军共歼敌130万人。连同前3年，即从1946年7月至1950年6月，共消灭国民党军807万人，解放了除西藏以外的全部中国大陆。

向西藏进军的准备工作，是1950年初开始的。以人民解放军第二野第18军军长张国华为书记的西藏工作委员会，具体负责这项工作。当时西藏仍然保持着政教合一的封建农奴制度。贵族、官家（即政府）、寺院三位一体，构成统治集团，农奴在农奴主的残酷压榨下，生活极为悲惨。英帝国主义势力于18世纪末侵入西藏后，长期勾结和控制西藏上层统治集团，企图变西藏为英国的殖民地。新中国成立后，英国侵略势力积极策划西藏独立，并扩充军队，将主力置于昌都地区，以阻止人民解放军进藏。中共中央和中央人民政府一面积极准备向西藏进军，一面力争和平解放西藏。藏族爱国人士、西康人民政府副主席格达活佛前往拉萨联络，途经昌都时被帝国主义分子和西藏反动分子残酷杀害。

为了打击阻碍西藏和平解放的反动势力，人民解放军第18军等部于1950年10月发起昌都战役，歼灭反动军队5700人，解放了昌都。之后，西藏当局内部发生分化，达赖喇嘛亲政，身处青海的班禅额尔德尼则早已表示拥护中国共产党和人民政府，愿为祖国的统一贡献力量。

1951年4月下旬，西藏地方政府派出的以阿沛·阿旺晋美为首的代表团和班禅率领的致敬团相继到达北京。以李维汉为首的中央人民政府代表团与西藏地方政府代表团经过谈判，于5月23

日达成和平解放西藏的17条协议。主要内容有：驱逐帝国主义势力出西藏，西藏回到祖国大家庭中来；西藏地方政府积极协助人民解放军进入西藏；西藏人民有实行民族区域自治的权利；西藏现行政治制度和达赖喇嘛的固有地位及职权不予变更，各级官员照常供职；班禅额尔德尼的固有地位及职权，应予维持；尊重西藏人民的宗教信仰和风俗习惯，保护喇嘛寺庙；藏军逐步改编为人民解放军；逐步发展藏族人民的民族语言、文字和教育，逐步发展西藏的经济，改善人民生活；西藏地方政府应自动进行改革；西藏地区的一切涉外事宜由中央人民政府统一处理；中央人民政府在西藏设立军政委员会和军区司令部等。17条协议的签订，宣告西藏和平解放。10月26日，人民解放军第18军一部进驻拉萨。祖国大陆实现了多少年来人们梦寐以求的统一。

中国革命是沿着农村包围城市的道路，在局部地区首先取得胜利，而后发展为全国胜利的。因此，地方人民政权，早在新中国诞生之前，就已在老解放区存在着。但是由于新解放区地域广大，所以，更为繁重的建立地方各级人民政权的工作，还是在中央人民政府成立之后进行的。

按照共同纲领的规定，新解放的地区一律实施军事管制。即由中央人民政府或前线军政机关委任人员组织军事管制委员会和地方人民政府，领导人民建立革命秩序，镇压反革命活动，并在条件许可时召集各界人民代表会议，作为人民群众参政议政的初级形式。经过一段时间后，再由地方各界人民代表会议逐步代行地方人民代表大会的职权，选举地方人民政府。

1950 年 1 月和 12 月，中央人民政府政务院先后制定省、市、县人民政府组织通则和区、乡人民政府组织通则，使地方各级人民政权的建立有了规范。新中国成立第一年，全国的行政区划是：28 个省（不包括台湾）、13 个直辖市、8 个省级行署区、1 个自治区（内蒙古）、1 个地方（西藏）、1 个地区（昌都）。

1951 年 4 月，中央人民政府政务院又专门发出《关于人民民主政权建设工作的指示》和《关于十万人口以上的城市召开区人民代表会议的指示》，要求各级人民政府必须依照各级人民代表会议组织通则的规定，按期召开各级人民代表会议；各级人民政府的一切重大工作，应向各该级人民代表会议提出报告，在代表会议上进行讨论与审查，一切重大问题应经人民代表会议讨论并作出决定；尚未代行人民代表大会职权的县、市各界人民代表会议，应积极创造条件，迅速代行人民代表大会职权；10 万人口以上的城市，应于年内召开区人民代表会议，成立区级人民政府。

人民代表会议的普遍召开，使人民民主专政获得了日益巩固的群众基础，并为正式实行人民代表大会制创造了条件。

政权建设工作的一个重要组成部分，是根据共同纲领的规定，在少数民族聚居区逐步实行民族区域自治，成立民族区域自治机关。1952 年 8 月，中央人民政府公布实施《中华人民共和国民族区域自治实施纲要》，对自治区的建立、自治机关、自治权利、自治区内的民族关系、上级政府领导原则等作了系统规定。至 1953 年 3 月，已建立县级和县级以上民族自治区 47 个，这些自治区连同区、乡级自治区内的少数民族人口大约有 1000 万人。

全国大陆的统一，各级人民政权的建立，结束了我国长期分裂和混乱的局面，实现了各族人民的大团结，为新中国建设的开展和由新民主主义过渡到社会主义社会奠定了重要的政治基础。

2. 剿匪斗争

新中国成立时，人民解放战争尚未完全结束，国民党还有上万军队在华南、西南一带负隅顽抗，国民党大批特务、土匪到处行破坏活动，威胁人民政权。新中国成立以后，人民解放军继续歼灭国民党残余军队，同时在新解放区进行大规模的剿匪作战。1950 年夏，基本上歼灭了祖国大陆上的国民党残余军队和武装土匪。

3. 抗美援朝运动

1950 年 6 月 25 日，朝鲜内战爆发。美国总统杜鲁门发表声明，宣布武装干涉。美国操纵的联合国安全理事会在没有苏联参加的情况下，通过了要求各会员国在军事上给韩国以“必要的援助”的决议。9 月，由美国纠集的所谓联合国军在朝鲜半岛南部西海岸仁川登陆。10 月初，美军越过北纬 38°线（简称“三八线”），企图迅速占领整个朝鲜，并一直打到中国边境，严重威胁我国的安全。10 月初，中国根据朝鲜政府的请求，作出“抗美援朝，保家卫国”的决策，迅速组成了中国人民志愿军。

1950 年 10 月中旬，中国人民志愿军在司令员兼政治委员彭德怀的率领下，跨过鸭绿江，开赴朝鲜战场，揭开了中国人民抗美援朝的序幕。中国人民志愿军和朝鲜人民军采取“以运动战为主，与部分阵地战、游击战相结合”的方针，连续进行了五次战略性战役。经过一段时间的军事较量，美国已经认识到如将主要力量长期陷于朝鲜战场，则对其以欧洲为重点的全球战略极为不利；加上国内外反战情绪日益高涨，因此决定转入战略防御，准备以实力为基础，与中朝方面举行谈判，谋求“光荣的停战”。1953 年 7 月，朝鲜停战谈判完全达成协议。

抗美援朝中，双方武器装备优劣相差悬殊。美国是世界工业强国，具有一流的现代化技术装备，掌握着制空权和制海权，实行现代化诸军兵种联合作战。中国经济落后，中国人民志愿军和朝鲜人民军武器装备处于明显劣势，基本上是靠步兵和少量炮兵、坦克部队作战。后虽有少量空军，也只能掩护主要交通运输线。但我军有巨大的政治优势。抗美援朝是年轻的中华人民共和国与美帝国主义进行的一次直接的军事较量。它揭穿了美帝国主义不可战胜的神话，维护了朝鲜民主主义人民共和国的利益，巩固了新中国的独立、安全，显示和提高了新中国的国威、军威。

4. 土地改革运动

新中国成立前，半殖民地半封建的旧中国仍维持封建土地制度，占农村人口不到10%的地主、富农，却占有70%～80%的土地。他们凭借占有的土地，残酷剥削和压迫农民。占农村人口90%的贫农、雇农和中农只占有20%～30%的土地。这种封建土地制度严重地阻碍了农村经济和中国社会的发展。新中国成立后，占全国3亿多人口的新解放区还没有进行土地改革，广大农民迫切要求进行土地改革，获得土地。

5. 镇压反革命运动

镇压反革命运动是新中国成立后于1950年12月至1951年10月在全国范围内进行的清查和镇压反革命分子的政治运动，是新中国成立初期与抗美援朝、土地改革并称的三大运动之一。

新中国成立后，国民党有计划地潜伏和残留在大陆上的土匪、恶霸、特务、反动党团骨干、反动会道门头子和其他反革命分子有300多万人。

他们不甘心自己的灭亡，继续与人民为敌，进行刺探情报、破坏工厂、捣毁铁路、抢劫物资等活动，甚至进行反革命武装暴乱。特别是在朝鲜战争爆发后，他们的各种破坏和捣乱更加猖狂。

1950 年，中国共产党领导全国人民开展了大规模的镇压反革命运动。这次运动打击的重点是土匪（匪首、惯匪）、特务、恶霸、反动会道门头子和反动党团骨干分子。运动采取在党委领导下，实行全党动员、群众动员，使公安、司法机关与广大群众相结合，并吸收各民主党派和民主人士参加的方法，让人民群众自觉地起来检举和揭发反革命分子；规定了镇压与宽大相结合的方针和“首恶者必办，胁从者不问，立功者受奖”等处理反革命案件的政策，使镇反斗争有了法律的武器和量刑的标准。1951 年 5 月，中共中央及时决定实行谨慎收缩的方针，集中力量处理积案。10 月，全国规模的镇压反革命运动基本结束。

镇反运动集中打击了土匪、恶霸、特务、反动党团骨干分子和反动会道门头子等反革命分子，基本上肃清了国民党在大陆上残留的反革命势力，使社会秩序出现了安定的局面，巩固和加强了人民民主专政，革新了社会风尚，有力地支持、配合了土地改革和抗美援朝斗争。

（五）社会主义建设的起步

新中国成立前夕，由于帝国主义的长期掠夺和国民党反动政府的肆意搜刮，加上多年的战争破坏，国民经济全面崩溃。那时，除东北三省外，全国主要铁路干线几乎没有一条可以全线通车，公路、海运严重堵塞。通货膨胀极其严重，人民生活十分困苦。

中华人民共和国成立后，在党和政府领导下，到 1952 年，仅用三年时间，工农业生产就超过历史最高水平，完成了国民经济的恢复工作，为国家开展有计划的经济建设创造了条件。新中国成立之初，我国是一个落后的农业国。在国内既不能制造汽车、飞机，也没有冶金设备、矿山开采设备和大型发电设备等制造业。1953 年，国家第一个五年计划开始实行。

第一个五年计划优先发展重工业，在这期间，鞍山钢铁公司三大工厂、长春第一汽车制造厂、沈阳机床厂和飞机制造厂等先后建成投产。我国开始改变工业落后面貌，为社会主义工业化奠定了初步基础。

根据第一个五年计划，在发展重工业的同时，国家对农业、手工业、资本主义工商业进行改造。广大农民组织起来，参加农业生产合作社，走集体化道路；手工业者也纷纷加入手工业生产合作社；在农业、手工业合作化影响下，资本主义工商业掀起全行业公私合营高潮。到1956年底，我国基本完成了三大改造，生产资料私有制变为社会主义公有制，社会主义经济体系在中国基本建立起来。

（六）新中国的外交

1. 外交方针的制定

新中国的外交方针和政策，是随着人民革命在全国接近胜利，在斗争实践中逐步制定和完善的。

人民解放军转入大反攻后，1947 年 10 月 10 日发布的《中国人民解放军宣言》，宣布了中国共产党的八项基本政策。其中之一为外交政策，要点是：否认蒋介石独裁政府的一切卖国外交，废除一切卖国条约；要求美国撤出驻华军队，反对任何外国帮助蒋介石打内战和使日本侵略势力复活；同外国订立平等互惠通商友好条约；联合世界上一切平等待我之民族共同奋斗。这已基本勾画了新中国将采取的外交政策的轮廓。

随着新解放的城市日渐增多，面对的外交问题也越来越多。为此，在 1948 年 2 月至 1949 年 4 月一年多的时间里，中共中央多次发出关于外交工作的指示。其中规定的重要原则有：保护外侨——“外国侨民所办的经济、文化、宗教等机关，不论其是否属于帝国主义性质，一般地还不采取排除或没收的政策。对于外国侨民及其国家代表机关，一般地应采取保护政策”。不承认旧的外交关系——“凡属被国民党政府所承认的资本主义国家的大使馆、公使馆、领事馆及其所属的外交机关和外交人员，在人民共和国和这些国家建立正式外交关系以前，我们一概不予承认，只把他们当作外国侨民待遇，但应予以切实保护”。

维护国家独立自主——“不允许任何外国及联合国干涉中国内政。因为中国是独立国家，中国境内之事，应由中国人民及人民的政府自己解决”。这些原则的核心，即不承认国民党政府同各国建立的旧的外交关系，而要在新的基础上经过谈判同外国另行建立新的外交关系。周恩来说：“‘另起炉灶’的方针，使我国改变了半殖民地的地位，在政治上建立了独立自主的外交关系。”

与“另起炉灶”密切相关的另一个重大问题，是与外国（主要是资本主义国家）建立外交关系的时机和条件问题。1949 年 2 月初，毛泽东在会见苏共中央政治局委员米高扬时，曾经生动地讲到必须“打扫干净屋子再请客”。他说，我们这个国家，如果形象地把它比作一个家庭来讲，它的屋内太脏了。解放后，我们必须认真清理我们的屋子，把那些脏东西通通打扫一番，好好加以整顿。等屋内打扫清洁、干净，有了秩序，陈设好了，再请客人进来。这是新中国外交的又一个重要方针。在 1949 年 3 月召开的七届二中全会上，毛泽东进一步指出：关于帝国主义对我国的承认问题，不但现在不应急于去解决，就是在全国胜利以后的一个相当时期内，也不必急于去解决。

因为虽然我们愿意按照平等原则同一切国家建立外交关系，但帝国主义是决不能很快地就以平等态度对待我们的，“只要一天它们不改变敌视的态度，我们就一天不给帝国主义国家在中国以合法的地位”。不久，毛泽东又指出，和国民党断绝外交关系是外国同新中国建立外交关系的前提。

由于第二次世界大战后世界上已经形成社会主义同帝国主义两大阵营对抗的局面，由于美帝国主义在中国人民解放战争时期执行的是从扶蒋反共、助蒋内战到敌视新中国政权的政策，所以中国共产党确定，新中国在对外关系上，要实行“一边倒”，即倒向社会主义一边的战略。毛泽东在中共七届二中全会上作总结时说：我们与苏联应该站在一条战线上，是盟友，只要一有机会就要公开发表文告说明此点。1949 年 6 月 30 日，毛泽东在《论人民民主专政》文章中，把“一边倒”的方针正式公之于世。他说，“一边倒，是孙中山的四十年经验和共产党的二十八年经验教给我们的”，“积四十年和二十八年的经验，中国人不是倒向帝国主义一边，就是倒向社会主义一边，绝无例外”。“我们反对倒向帝国主义一边的蒋介石反动派，我们也反对第三条道路的幻想。”实行

“一边倒”，当然绝不是盲目地顺从苏联，而是指：在世界斗争的格局中，新中国要坚定地站在社会主义一边，并联合世界上一切爱好和平的国家和人民，同帝国主义的侵略政策和战争政策作坚决斗争。7月7日，全国各民主党派和人民团体联合发表声明，拥护“一边倒”方针。

以上所述“另起炉灶”、“打扫干净屋子再请客”、“一边倒”，构成新中国成立初期三大外交方针。这些方针把旧中国的屈辱外交，改造成了新中国的独立自主的外交。《中国人民政治协商会议共同纲领》，又对新中国的外交原则和政策，作了具体规定。

2. 对外关系的初步展开

根据《共同纲领》确定的外交原则和政策，新中国积极开展外交工作。1949年10月2日，即中华人民共和国成立的第二天，苏联政府第一个照会中国政府，表示苏联政府决定同中华人民共和国建立外交关系，并互派大使。10月3日。毛泽东亲拟电文，向全世界发布了中苏建交的新闻。此后至1950年1月中旬，东欧和亚洲的人民民主国家保加利亚、罗马尼亚、匈牙利、朝鲜民主主义人民共和国、捷克斯洛伐克、波兰、蒙古、德意志民主共和国、阿尔巴尼亚、越南10国与新中国建交。至新中国成立一周年时，与新中国建交的国家还有印度、瑞典、丹麦、缅甸、瑞士、印尼。总计已有17国。另有8个国家表示承认中华人民共和国。

(1) 中苏结盟

新中国成立初期最重要的外交举动是毛泽东、周恩来访问苏联和《中苏友好同盟互助条约》的签订。

1949年12月16日，毛泽东到达莫斯科。斯大林热烈欢迎毛泽东访苏。1950年1月2日，毛泽东以“答塔斯社记者问”的形式，公布了他这次访苏的目的。表示：“我逗留苏联时间的长短，部分地决定于解决有关中华人民共和国利益的各项问题所需的时间。”“在问题当中，首先是现有的中苏友好同盟条约问题，苏联对中华人民共和国贷款问题，贵我两国贸易和贸易协定问题，以及其他问题。”这里最重要的是中苏条约问题，即如何处理1945年8月苏联政府与国民党政府签订的《中苏友好同盟条约》及要不要签订新的中苏条约问题。

1950年1月20日，周恩来等到达莫斯科。经过包括斯大林、毛泽东在内的两国领导人的多次会商，2月14日，双方签订了《中苏友好同盟互助条约》、《关于中国长春铁路、旅顺口及大连的协定》、《关于贷款给中华人民共和国的协定》。

中苏条约和协定的签订，是当时国际上的一个重大事件。它表示了中苏两国的团结和反对侵略的共同立场。这无论对新中国的安全和建设，还是对世界，特别是对远东的和平，都起了积极作用。

1952年10月，在北京召开了亚洲太平洋地区和平会议，有37个国家的370多名正式代表和列席代表参加，一些国际组织的代表也参加了会议。会议主题是号召亚太地区和全世界人民行动起来，反对美国的战争政策，保卫世界和平。这是新中国成立后主持召开的第一次大型的国际会议。

(2) 和平共处五项原则

1953年，周恩来总理在接见印度代表团时首次提出了和平共处五项原则。和平共处五项原则的内容包括：互相尊重领土主权；互不侵犯；互不干涉内政；平等互惠；和平共处。这五项原则在国际上产生深远影响，标志着新中国外交政策走向成熟，成为解决国与国之间问题的基本准则。

(3) 日内瓦会议

1954 年，苏、美、英、法、中以及有关国家的外长在瑞士的日内瓦举行解决朝鲜和印度支那问题的会议，这是新中国第一次以世界五大国的地位参加的国际会议，中国代表团就印度支那停止敌对行动提出了合理的积极的建议，推动会议达成了《关于恢复印度支那和平的日内瓦公约》。中国代表团以其积极作用给新中国赢得了很高的国际声誉。

(4) 万隆会议

第二次世界大战结束以后，亚非的民族独立运动声势高涨。1955 年，刚刚摆脱殖民统治的亚非新兴独立国家在印度尼西亚的万隆举行国际会议。会议主要讨论保卫和平、发展民族经济等问题。中国代表团团长周恩来针对部分西方国家破坏会议的阴谋和各国间的分歧和矛盾，提出“求同存异”的方针，促进了会议的圆满成功。周恩来指出，亚非各国的命运应该由亚非各国人民自己来掌握，呼吁亚非各国加强团结，为会议的圆满成功而努力。周恩来的发言受到了亚非与会国家代表的拥护和赞誉，使会议取得了积极的成果。亚非会议加强了我国同亚非各国的联系。会后，我国同更多的亚非国家建立了外交关系。

五、历史作证

从洋务运动开始，因为封建制度走到了一个死胡同，不变革就会被资本主义列强瓜分完毕，所以必然要找到一个合适的出路和办法。洋务运动的失败证明封建制度的改造这条路不行，戊戌变法证明君主立宪也行不通，孙中山领导的资产阶级民主革命没能救中国，北洋军阀和袁世凯证明资本主义议会制在中国更没有市场。

在近代，从 1840 年鸦片战争开始，中国先后遭到英、法等西方列强的武装侵略；清政府被迫割地赔款，签订屈辱的不平等条约，中国逐步陷入半殖民地半封建社会。先进的中国人为挽救民族危亡都进行了不懈的努力，如农民阶级、资产阶级及无产阶级都进行了有益的探索。

1. 太平天国运动：太平天国运动失败的根本原因在于农民阶级的这种时代和阶级的局限，决定了他们在思想上提不出科学的理论，政治上提不出正确的革命纲领，组织上无法克服宗派主义倾向和保持内部团结，所以他们的失败是历史的必然。它的失败只能证明列宁“农民阶级无法通过自身来解放自己”观点的正确，也只能证明农民阶级不能领导中国革命取得胜利。

2. 维新变法运动：在中国民族危机空前加剧，资本主义初步发展的历史条件下，主要以康有为、梁启超为首的维新派发动的一次自上而下的资产阶级改良运动。他们企图采取不流血的和平手段自上而下进行改革，通过君主立宪的道路，把中国变成资本主义国家。运动遭到以慈禧太后为首的封建顽固势力的镇压。戊戌变法的失败，说明资产阶级改良道路在半殖民地半封建社会的中国是走不通的。

3. 辛亥革命：这是以孙中山为代表的资产阶级革命派领导进行的一场比较完整的资产阶级民主革命。他们有全国性的统一政党，有纲领，有民主共和的口号，他们武装反清，先后发动多次武装起义，如萍浏醴起义，黄花岗起义等。武昌起义的成功，中华民国的建立，两千多年的封建帝制最终结束。但革命果实被袁世凯窃取，反帝反封建的任务没有完成，中国社会性质没有改变。

4. 新文化运动：以陈独秀、鲁迅、李大钊等为领导，以科学、民主为两大旗帜，反对旧道德，提倡新道德，反对旧文学，提倡新文学为主题。它既是一次资产阶级性质的思想文化运动，又是一次思想解放运动，掀起了影响很大很深的思想解放潮流。但是，这场运动明显的弱点是没有群众基础，特别是对东西方文化存在着绝对的肯定与否定问题。

以孙中山为首的资产阶级进行了不屈不挠的斗争，如二次革命、护国运动、护法运动等，但都失败了。从资产阶级走过的道路来总结，资产阶级有革命性和软弱性的双重性质，不可能完成中国革命任务。资产阶级共和国的方案在中国行不通，资产阶级共和国让位于人民共和国是近代中国历史发展的必然。

(1) 资产阶级共和国的方案不适合中国国情。在西方国家，资产阶级民主革命的对象是封建势力。在中国，这个革命的对象除了封建势力外，还有帝国主义。这是由中国半殖民地半封建社会的基本国情决定的。帝国主义列强来到中国的目的，不是为了使中国成为一个独立富强的资本主义国家，而是掠夺中国来发展自己的资本主义。因此，他们扶植自己的代理人——清政府、北洋军阀和国民党反动政权，通过这些带有浓厚封建性和买办性的反动阶级的统治，把中国牢牢地控制在自己的殖民体系内。因此，建立资产阶级共和国是帝国主义所不允许的。

(2) 资产阶级共和国方案不符合中国人民的意志，不为中国人民所欢迎。在十月革命胜利以前，资产阶级的思想和文化曾被视为医治中国贫穷落后的良方。康有为、严复、孙中山甚至陈独秀、李大钊、毛泽东等志士仁人都热心地提倡过向西方资本主义国家学习。但是，学习西方的结果，并没有改变中国落后挨打的局面。相反，帝国主义列强日益加紧的侵略，彻底打破了中国人学习西方的迷梦。十月革命的胜利给中国送来了马克思列宁主义。帝国主义的侵略、剥削和社会主义俄国的支持、援助形成了鲜明对比。资产阶级共和国方案自然不为广大工农群众所欢迎。

(3) 资产阶级共和国方案是中国国内封建势

力所不允许的。代表大地主大资产阶级利益的北洋军阀和国民党政权是独裁专制的政权，为维护自己的阶级利益，他们必然排斥、镇压一切先进的思想。前者扼杀了孙中山亲手创立的中华民国南京临时政府，后者在抗战胜利前后，封杀了中国民主同盟等民主党派希望建立的英美式资产阶级共和国方案，并继然拒绝了中国共产党提出的建立包括蒋介石集团在内的民主联合政府的主张。

(4) 民族资产阶级的软弱性和妥协性从根本上决定了资产阶级共和国方案在中国行不通。中国的民族资产阶级是在帝国主义和封建主义的夹缝中生存、发展起来的，这就决定了民族资产阶级经济上不发达和政治上软弱的状况。同时，在近代中国，外有帝国主义的侵略、内有封建势力的残酷统治，中国民主革命的敌人是异常强大和残暴的。因此，民族资产阶级不可能也没有能力打败强大的敌人，建立资产阶级共和国。

(5) 中国共产党的正确政策及其领导的中国革命的不断胜利，促使民族资产阶级放弃了“第三条道路”。

中国革命的历史充分证明：资产阶级共和国的方案在中国行不通，资产阶级的共和国让位于人民民主专政的共和国是近代中国历史发展的必然。

19 世纪 20 年代初，中国共产党人以社会主义、共产主义为理想，以马克思列宁主义为理论武器，领导中国人民走上实现民族独立、人民解放和民族振兴、人民幸福的正确道路。经过长期的艰苦奋斗，建立和建设了伟大的人民共和国，社会主义革命和建设以及改革开放都取得了巨大的成就。中国人民在长期斗争中得到的深切体验和共识是："没有共产党就没有社会主义的新中国"，"只有社会主义才能救中国"，"只有社会主义才能发展中国"。

毋庸讳言，中国的社会主义事业在前进过程中也不是一帆风顺的。在中国确立了社会主义基本制度后，由于对探索中国自己的建设社会主义道路的艰巨性和复杂性估计不足，由于对中国的基本国情缺乏清醒的认识，也由于我们在新中国成立后一个时期内存在着对科学社会主义原理的教条式理解，认识脱离实际，因而在建设社会主义的理论上和实践中发生了一些严重失误。

党的十一届三中全会后，端正了党的思想路线，重新审视当今中国的国情，认识到，在旧中国经济文化极端落后的半殖民地半封建社会的基础上，经过新民主主义而建立了社会主义制度的中国社会，还处在并将长期处在社会主义初级阶段。从这一基本国情出发，党制定了符合实际的路线方针政策，开辟了一条建设中国特色社会主义的新道路，使社会主义在中国重新焕发出生机。社会主义事业曲折发展的历史进程，不仅使我们加深了对社会主义本质和怎样建设社会主义的认识，同时也进一步加强了社会主义必胜的信念。

在中国共产党领导下，共同的理想和坚定的信念，把全国人民团结起来，战胜千难万险，夺取了中国革命和建设的胜利；坚定的信念也必将进一步团结人民，在新的世纪，夺取建设现代化社会主义强国的新胜利。